勢神宮

式年遷宮と祈り

梵
Ishikawa Bon
監修／河合真如

目次

瀧原竝宮（左）と瀧原宮

第三章　年中の神事

第四章　式年遷宮

神嘗祭御卜の儀

はじめに

闇夜《やみよ》にヒューンという鹿の甲高い鳴き声が響き渡った。伊勢《いせ》神宮御正宮《ごしょうぐう》の周りは深い森に囲まれている。頭上では、高く聳《そび》える木々の葉を揺らすムササビの気配が伝わってくる。私は光が漏れないように液晶を黒紙でマスクしたカメラを握りしめ、来るべき瞬間に備えた。

平成二五年（二〇一三）一〇月二日の夜、伊勢神宮、内宮《ないくう》は二〇年に一度の式年遷宮《しきねんせんぐう》（以下遷宮）の最も重要な儀式である遷御《せんぎょ》の儀を迎えようとしていた。伊勢神宮の全ての社《やしろ》と神宝《しんぽう》を新しくする遷宮の様々な儀式の中でも、遷御の儀とは、ご神体を現在ある宮から新しい宮へ遷《うつ》す、遷宮のクライマックスにあたる儀式のことだ。遷御は僅《わず》かな松明《しょうみょう》の光を別にすれば全くの暗闇の中で行われる。出御《しゅつぎょ》を目前にして御正宮と新宮の間に陣取った私は、長い間待ち続けたこの瞬間を逃すことがないように、入念にカメラのセッティングを確認していた。境内の灯籠《とうろう》の灯《あか》りが消えると、深い森に囲まれた神宮は、闇と、静粛が支配する厳かな空気に包まれた。

伊勢市の四分の一の面積を誇る神宮の森は、神域として厚く保護されていることもあって、日本有数の動植物の宝庫だ。辺りが闇に包まれたことで五感が研ぎ澄まされたせいか、森からは濃密な生き物の気配が伝わってくる。

鹿の鳴き声と時をほぼ同じくして、神宮内院では、天の岩戸開き伝説に倣い鶏鳴三声《けいめいさんせい》と呼ばれる、鶏の擬声が三度唱えられた。続いて天皇陛下《へいか》からの勅使が出御を奏上した。いよいよ、遷御の列が旧宮から出てくる。前回の遷御の儀から二〇年もこの時を待ち続けていた私のカメラを持つ手に力が入る。

伊勢神宮の取材を始めたのは、昭和五九年（一九八四）、二四歳のときだ。二年の間、年中行事を撮り、その後八年にわたり遷宮神事を追い、二〇年前に初めて遷御の撮影をした。その後、世界各地で祈りをテーマに撮影を続け、今は引き寄せられるように伊勢神宮の遷宮神事の撮影を再開している。

伊勢神宮は私にとって、精神的にも身体的な意味でも、ルーツともいえる存在、帰るべき場となっていた。そして二度にわたる遷宮神事の取材は、西から東の御敷地《みしきち》への遷宮と、東から西の御敷地への遷宮を両方とも取材するという幸運な体験を意味していた。

二〇年前、初めての遷御の儀を取材した際の衝撃的な体験は忘れられない。それまで規制に阻まれて神が座す本殿さえ目にすることが出来なかった。ましてご神体を身近に拝むことなど

五十鈴川上流

想像することすら出来なかった。その神が、古い宮から出御し、絹垣《きんがい》に覆われているとはいえ、目の前を通過していった。私には神の存在、あり方を感じる余裕はなかったが、当時の体験を一言でいえば、何かとてつもない巨大なエネルギーがそこにあり、それが移動していく、それを皮膚感覚として感じたことだ。

その後、私はライフワークとして、アジア、アフリカ、南米のアニミズムを取材し、また、平成二三年（二〇一一）の東日本大震災の現場を始め、様々な悲劇の現場も踏んだ。神は以前に比べて遥《はる》かに近い存在になり、また、様々な疑問を抱え、救いを求めながら生きるようになった。あれから二〇年を経て、自分にとって遷御の儀はどのようなものとして立ち現れるのか、自分はもっと違う感じ方が出来るのではないか、まるで自分が試されているような気持ちで新たな遷御の儀に臨んでいた。

やがて松明の炎に照らされ、外玉垣《とのたまがき》から出てくる神職の白い装束《しようぞく》が赤く揺れているのが見えた。いよいよ出御がその幕を開けた。

序章

神宮との出会いと森

写真：宇治橋の朝

伊勢《いせ》神宮の正式名称は「神宮」という。天皇の祖神、つまり神話上の先祖である天照大神《あまてらすおおみかみ》を祀《まつ》る伊勢神宮は、神社本庁によれば、本宗《ほんそう》として全国八万の神社の頂点に立ち、本来、地域名は冠として付かないとされている。なので、以下、本書では伊勢神宮ではなく本来の名称である神宮と記すことにする。神宮は、天照大神を祀る皇大神宮《こうたい》（内宮《ないくう》）と豊受大神宮《とようけ》（外宮《げくう》）を中心として、別宮《べつくう》、摂社《せつしゃ》、末社《まつしゃ》、所管社《しょかんしゃ》を含めた一二五社の社《やしろ》からなり、伊勢市を中心に三重県の四市、二郡に広く位置している。

三〇年ほど前、写真家を目指していた私は、それまでインドの聖地を撮影し、イスラム教徒が戦うアフガニスタンの戦場を取材していた。

しかし、海外での取材を重ねるうち、比較対象として物差しになるはずの、日本の文化や宗教についての理解があまりに浅いことを痛感していた。他国を理解するにはまず自分の国のことを勉強しなければならない。そう考えていたところへ、あるきっかけから神宮の撮影を依頼されることになった。仏教伝来以前の日本の信仰の原形が残るといわれる神宮の撮影というのは、宗教への関心が高まっていた私にとっては願ってもない仕事だ。運命に感謝しつつ、昭和五九年（一九八四）の春、カメラを手に神宮を訪れた。

しかし、初めて足を踏み入れた神宮の印象は、あまりに茫洋《ぼうよう》としていて捉えどころがなかった。撮影規制は非常に厳しく、内宮の深い森に囲まれた御正宮《ごしょうぐう》は、ただ、石段下から仰ぎ見るばかり。御正殿《ごしょうでん》のある瑞垣《みずがき》の中に至っては、撮影はおろか見ることも許されていなかった。無論、その中で行われているという神事の様子を取材することなど不可能だ。毎日のように宇治橋《うじばし》を渡り、神宮に通い詰めながら、建物も神事も撮れなくてどうして神宮の撮影が出来るものかと、半ば絶望的になっていた。

撮影を初めてから三か月ほど経過した後、私はしばらくカメラを置いて神宮の敷地である神域を歩き回ることにした。写真を撮ることばかり考えるのではなく、本来の目的である神宮の神々と向き合うことにした。

すると、森の中の参道を歩くだけでも、不思議な心地良さに自らが包まれて行くのを感じ始めた。森林浴的な清々《すがすが》しさだけではない。森の持つ底知れない生命力と触れ合っているような妙な感覚だ。アニミズムをルーツとする神道。森に棲《す》むといわれる八百万《やおよろず》の神々の気配というものを、なんとなく感じられ始めたのだ。

こんなことがあった。ある冷え込んだ朝のことだ。カメラを持たずに神宮の別宮、瀧原宮《たきはらのみや》

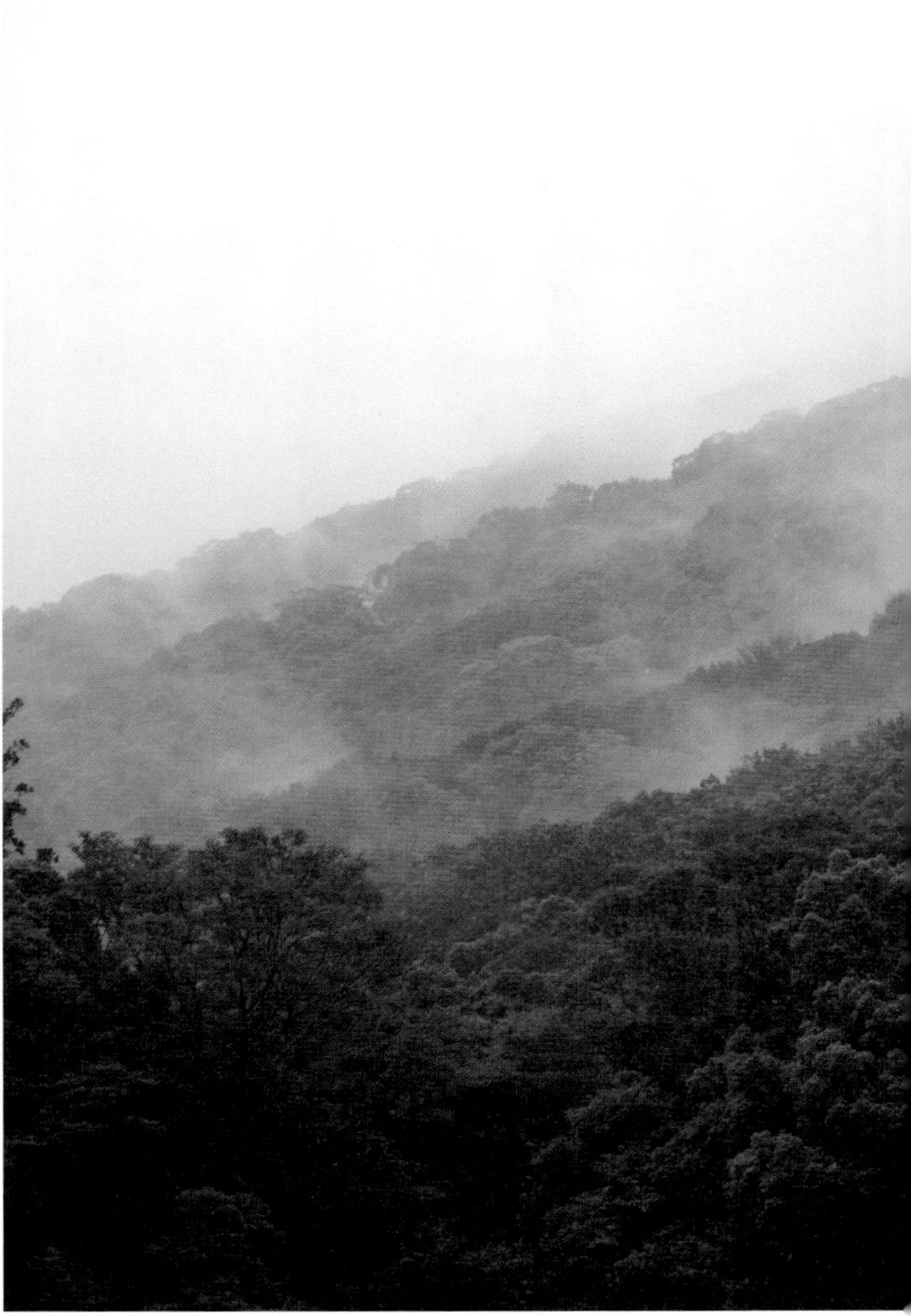

神路山

神宮の森

の参道を歩いていた。参道には囲むように樹齢数百年の木々が立ち並ぶ。その大木の幹の周りから白いものが立ち昇っているのに気が付いた。鬱蒼《うっそう》と生い茂る木々の合間から日が射し、スポットライトのように照らされた幹から立ち昇る白いもの。

「大木が息をしている」、冷たい空気の漂う、白い蒸気を見ながら私の胸は高まった。そっと、樹皮に手を触れてみる。温かい。大木は間違いなく生きていて、そして呼吸している。そのことを理屈ではなく、体で感じることが出来たのがうれしかった。何百年という生の息づかいや、命の鼓動が太い幹の皮越しに伝わってくるかのように思えたからだ。

私は、この小さな体験を通して、神宮へのアプローチについて、一つのヒントを与えられた思いがした。神宮の御正殿というのは、いわばこの森に生きる大木のようなものではないか。神社そのものは、その社が出来る前、一本の木を依り代《よしろ》として、祭儀が営まれていたともいわれている。社に固執する必要は何もないのかもしれない。そう考えると、神宮への一つのアプローチが見えてくるように思えた。

まず神宮を巡る自然、神路山《かみじやま》や五十鈴川《いすずがわ》、神宮の森などに足繁く通い、神を感じられる光景を追い求めることにした。神が棲むから神々しいのか、神々しいから神の地に定められたのか、ファインダー越しにのぞく光景には、神の息づかいが伝わってくるようだった。

おぼろげながらも、撮影の糸口を見つけた私は伊勢に住むことを決心した。再びカメラを手にし、それから二年間にわたり、毎日のように神域へ足を運ぶことになった。

第一章

神界

写真：志摩の海

常世《とこよ》の浪

神宮の取材を始めて間もない昭和五九年（一九八四）六月、夜明け前に鳥羽の二見《ふたみ》へ夫婦岩《めおといわ》の撮影に行った。夫婦岩前の商店街がある駐車場は、そんな時間でもほぼ満杯だった。やっと見つけたスペースに車を停《と》め、三脚を担いで浜へ向かう。浜には大勢のアマチュアカメラマンが日の出を待ち構えていた。ちょうどこの時期だけ、夫婦岩と呼ばれる二つの岩の間から朝日が昇るので、その撮影を目当てに集まっているのだ。

水平線上にはあいにく薄雲がかかり、うっすらと明るくなっていく海を、皆心配そうに見つめていた。

明治から昭和の民俗学者柳田国男は著書『海上の道』の中で、伊勢地方の浜で椰子《やし》の実が流れ着くのを三度も見たと書いている。彼は「この偶然の遭遇によってささやかな私の見聞もまた不朽のものになった」として、その体験が『日本書紀』に記された「伊勢が常世の浪の重浪《しきなみ》寄する国」であることをさらに実証する新しい発見であると、興奮混じりに書いている。倭《やまと》姫命《ひめのみこと》が諸国を行脚して、天照大神《あまてらすおおみかみ》を祀《まつ》るのにふさわしい地を探し、伊勢にたどり着いたとき天照大神がこんなお告げをしたと、ある。

この神風の伊勢の国は常世の浪の重浪寄する国なり。傍国の可怜国なり。この国におらむと欲《おも》う

（柳田国男『定本柳田国男集　第一巻』所収の「海上の道」筑摩書房、昭和四三年）

傍国の可怜国《うましくに》とは、大和《やまと》の傍《かたわ》らにある国で、美しい良い国であるという意、それは豊富な海産物に恵まれた豊穣《ほうじょう》の地でもある。現在、神宮に捧げられる海の幸は国崎《くざき》のアワビや篠島《しのじま》の鯛《たい》などに代表されるように地元民の協力で神宮に御贄《みにえ》として奉納しているが、明治以前、三節祭（月次祭《つきなみさい》、神嘗祭《かんなめさい》）の御贄は、神職である禰宜《ねぎ》らが直接浜へ出向いて打ち寄せた海の幸などを採取していた。

これは贄海《にえのうみ》神事と呼ばれ、内宮《ないくう》では河原木神崎《かわらぎかんざき》（現在の二見の神崎神社下）の浜辺で、外宮《げくう》では二見里高城浜（今一色《いまいしき》）で行われた。神宮から浜への交通手段は五十鈴川《いすずがわ》を船で下り、記録

二見の夫婦岩

によれば、船中で連歌を詠んだり魚を捕るなどなかなか優雅なものであったらしい。

美しく豊かな国、伊勢。その伊勢の浜へ寄せる浪の向こうに人々が思いを馳《は》せた常世の国とはどんなところだろう。『古事記』をめくれば、常住不変、不老不死の国であるとともに、黄泉《よみ》の国とも書かれている。つまり天国のようなところということだろう。そこから椰子の実を始め、様々な漂流物や海の幸が運ばれてくる。その常世の国への強い憧憬《しょうけい》が伊勢鎮座の大きな要因になったであろうことは容易に想像出来る。

『古事記』上巻終章の海幸山幸神話にこんな記述がある。

海神の娘豊玉毘売《とよたまびめ》は山の神、火遠理命《ほおりのみこと》と結ばれるが、お産のとき、その山の神に姿を見られてしまう。妻がワニの姿をしているのに驚いた命は逃げ出してしまい、豊玉毘売は生んだ子を置き海の国へ帰って行った。その後、豊玉毘売は子どもの養育係として、妹の玉依毘売《たまよりひめ》を遣わす。玉依毘売はその子と結ばれ四人の子を生む。その一人御毛沼命《みけぬのみこと》は立ち騒ぐ白浪の穂を踏んで海の彼方《かなた》の常世の国へ渡って行った。また、稲氷命《いなひのみこと》は、母の国を訪ねて海原の奥へと旅立った。

やがて太陽は重なる雲の上方高く輝き、カメラマンたちも機材の片付けを始める。新しい一日の始まりを感じさせるように、浜には静かに波が寄せている。二見浦《ふたみがうら》は古《いにしえ》の時代、禊浜《みそぎはま》と尊ばれ、伊勢参宮を間近に控えた人々がその浜辺で汐水《しおみず》を浴び、心身を清め、罪穢《けが》れを祓《はら》うべく、禊祓《みそぎはらえ》をしていた。神宮と海の関係というのは、先に書いた贄海神事を取り上げるまでもなく、非常に深いものだ。

私はファインダーをのぞきながら、母を探す稲氷命の姿と、贄海神事で船に乗る白い装束の神職を夢想し、倭姫命による天照大神の伊勢鎮座の歴史に思いを馳せた。

五十鈴川《いすずがわ》

ここからは、神宮の神苑《しんえん》を歩きながら、その意味を探り、歴史を振り返ってみたい。初めて内宮を訪れた人が最初に目にするのが、宇治橋《うじばし》の上から望む五十鈴川だろう。日本でも屈指の清流といわれ、とうとうと水をたたえ、森の中をゆったりと流れる。その川面が、日差しを浴びて輝く様子は、禊《みそぎ》の川にふさわしい風情だ。春霞《はるがすみ》、新緑、紅葉、雪景色、四季それぞれに趣があり、私は宇治橋を渡る度に欄干から撮影したものだ。

参道を行き、御手洗場《みたらし》へ足を運べば、冷たい五十鈴の流れで手を清めることが出来、身も心も引き締まる。この御手洗場の石畳は、元禄五年（一六九二）五代将軍徳川綱吉《つなよし》の生母である桂昌院《けいしょういん》が神宮に寄進したものといわれている。

伊勢市南部の神路山《かみじやま》を源にした神路川と、島路川《しまじがわ》が合流、内宮の西端を流れる南北一六キロの五十鈴川は別名、御裳濯川《みもすそがわ》と呼ばれ、倭姫命がこの清流で裳裾《もすそ》を洗ったという伝承に由来す

五十鈴川

春の五十鈴川

る。かつて天皇家から遣わされ、神宮に仕えた巫女《みこ》である斎王《さいおう》も五十鈴川で禊の儀式をされ祭典に臨んだと伝わる。

また、神宮では、現在、大祭の行われる前月の末日に大祓《おおはらい》という儀式を行う。神宮の神職と楽師全員が参加し、五十鈴川の傍らにある内宮第一鳥居内祓所で身を清める。祓いでは榊《さかき》の枝が用いられ、近年まで穢れを集めた榊を五十鈴川に流していた。

禊の場である五十鈴川。では、古代の人々にとって、川というのはそもそもどんな存在だったのだろう。

『古事記』の天地創造神話によると、海神（綿津見神《わたつみのかみ》）から河口の神が生まれ、河口の神より水の泡（沫那芸《あわなぎ》の神、沫那美《あわなみ》の神）・水面・川の水源の神が生まれ、最後に瓢《ひさご》の神が生まれる。神々は海を起点として川を遡《さかのぼ》る。川は海と山を結ぶ重要な道筋となっている。

こうした『古事記』の世界観を考察してみると、天上に高天原《たかまがはら》があり、その下に地上界があり、地下に根の国、つまり黄泉の国がある。実はこの階層的に説明されている根の国は海原のイメージと結び付いており、地下の世界であると同時に海底を意味する。

ちなみに大祓では、榊に集めた国中の罪という罪が川から海へと解き放たれる。それは、さらに根の国へと追いやられて行くという考えがその基にあるのではないか。だとすれば、禊の

内宮手水舎

五十鈴川

場であり、清らかなるものの象徴である川は、同時に根の国へと通じる川として人々の心の中で捉えられていたことになる。

御手洗場の石段の上にカメラを置き、清水を手で掬《すく》い上げてみた。冷たい水が心地良い。御《ご》正宮《しょうぐう》にお参りする際には、御手洗場でこうして手を清めるか、御手洗場の手前にある手水舎《てみずしゃ》で手を洗い、口を漱《すす》ぐのが礼儀とされている。見ると、木漏れ日を反射する水面の下には、大きな鯉《こい》が何匹も泳いでいた。こんな小さなことにも自然と一体となった神宮らしさを感じる。清流で知られ、深い藍色《あいいろ》の水をたたえた五十鈴川。しかし、鎌倉時代の歴史書『吾妻鏡《あずまかがみ》』によれば、北条時頼の使者参宮のおり、「御裳濯川の水色、虹の如し。一日経て本流に帰る」という記述もある。その扱いはさながら天変地異の前触れであるかのようだ。

五十鈴川のほとりといえばもう一つ思い起こす『古事記』の一節がある。伊邪那岐命《いざなぎのみこと》が川で身を清めるシーンだ。天照大神《おおみかみ》の父神伊邪那岐命は、伊弉冉の命の追及を逃れてほうほうの態で黄泉の国へ帰り着くが、汚らしい国で穢れてしまった自らを清めるため、身に着けたものの全てを投げ捨て河口に立つ。そして朝日に輝く川の流れに目をやり、冷たい水をくぐって身を洗い清める。

川で身を清めるという行為の原点はこの神話にあるのかもしれない。

宇治橋

宇治橋は、清流五十鈴川に架かる長さ一〇一・八メートルの木造の橋だ。初めて神宮を訪れた人は内宮の入口にある宇治橋を渡り、木々に覆われた神苑に向かうとき、「ああ、とうとう伊勢神宮にやってきた」という実感がするところでもある。

私が初めて宇治橋を渡った年は、前々回の遷宮《せんぐう》からすでに一一年が経過し、宇治橋の檜《ひのき》も黒ずみ、その表面はかなり傷んでいた。当時年間四五〇万人の人々が内宮を訪れていた。宇治橋の表面にある数多くのくぼみや傷跡には、神宮を訪れる大勢の人々の思いが籠《こも》っているかのようだった。

それから二五年後の平成二一年（二〇〇九）一一月三日、その宇治橋の神事である宇治橋渡《うじばしわたり》始式《はじめしき》の取材での宇治橋の印象はまた違うものだった。宇治橋渡始式とは、式年《しきねん》遷宮を四年後に控え、遷宮行事の一つとして、新しく架け替えられた宇治橋を初めて渡る儀式だ。新橋には

古い宇治橋　人の足跡が刻まれている　昭和59年（1984）

まだ白い布がかけられ、一般の人々はその隣の仮橋を渡っていた。白布越しに見る真新しい宇治橋は、素木の檜特有のまばゆい輝きを放っていた。その様子はかつて私が宇治橋に抱いていたイメージをがらりと変えた。五十鈴川により隔てられた神界と俗界を結ぶ神聖な橋にふさわしい、瑞々《みずみず》しくも神々しさが感じられる佇《たたず》まいだった。

宇治橋の歴史を調べてみた。持統《じとう》天皇が伊勢行幸のおりに五十鈴川を渡す橋が架けられたのではないかという説もあるが、記録には見当たらない。橋の存在を示す記録としては、『伊勢太神宮参詣記《さんけいき》』に康永元年（一三四二）とある。しかし室町時代の記録によれば、この橋も洪水により度々流

新しく架け替えられたばかりの宇治橋　平成21年（2009）11月3日

夜の宇治橋

宇治橋最古の擬宝珠

されており、今日でいう仮橋程度だったかもしれない。

　その後の架橋の歴史を調べてみると、当初公費が出なかったこともあり、室町時代には聖《ひじり》と呼ばれる僧たちが、諸国を勧進し、その費用を調達している。寛正五年（一四六四）に大橋が完成したときには、一〇〇人の禰宜が橋祈禱《きとう》を行い、一万三〇〇〇度のお祓いをあげて、橋の長久を祈ったという。ところがこの橋も翌年あえなく流木に流されてしまう。その後も流失、架橋を繰り返し、ときには神職すらも五十鈴川を渡れず神事に差し障りがあったという（櫻井勝之進『伊勢神宮』学生社、平成二五年）。

現在でも五十鈴川の上流を歩くと、渡瀬に飛び石を見つけることが出来る。その昔、橋がなかった時代に、人々が石を伝って内宮と外とを行き来した名残だ。

聖たちの努力が実を結んだのは永正二年（一五〇五）のことだった。初代慶光院上人として有名な守悦上人が本格的な架橋に成功し、非常な称賛を浴びている。

遷宮毎《ごと》に架け替えられる宇治橋だが、欄干の上にある一六基の擬宝珠《ぎぼし》の内、橋の正面左、一番手前に位置する擬宝珠は宇治橋で一番古いもので、「元和五己未年（一六一九）三月」の刻印が今でも残っている。

鳥居

昭和六〇年（一九八五）、一〇月の神嘗祭由貴大御饌《ゆきのおおみけ》の取材をしていた私は、外宮の板垣門前で待機しながら松明《しょうみょう》に照らされて赤く染まった鳥居を眺めていた。神様に神饌《しんせん》を捧げる由貴大御饌（以下大御饌）の儀は夜中の一〇時と深夜二時に行われる。その際、神職が列を組んで参道を歩く参進は撮れるが、御正殿《ごしょうでん》前での撮影は当然ながら禁止されている。そのため、御《み》垣内《かきうち》へ神職が参入し、儀式を行う間は、外でしばらく待つことになるのだ。

神宮の板垣にある鳥居は冠木鳥居《かぶらぎとりい》と呼ばれ、横木に五角の笠木《かさぎ》をかぶせたような形状をしており、神宮の他の場所にある鳥居とは異なる形をしている。元々は門だったものが、鳥居に発展したものらしく、そう思ってみれば、五角の笠木は小さな屋根のようにも見え、なかなか興味深い。

鳥居の背後には煌《きら》めく星々が見えた。炎を反射して赤く染まった鳥居越しに見る星空。まるで鳥居を境にそこから宇宙が広がっているように見えた。それは私の狭小な鳥居の概念を打ち破るような景観だった。

これまで気付かなかったが、シンプルな鳥居の形状は、このように星空を背景にすると空間を無限に引き裂くようなイメージを想起させる。

鳥居には大きく分けて二つの形がある。神宮に代表されるそりのない直線の構成からなる神《しん》明《めい》鳥居と、そりのかかった明神《みょうじん》鳥居だ。私には神明鳥居の真っ直《す》ぐなラインの方が、広がり

宇治橋の鳥居

宇治橋の鳥居

があり、宇宙的な印象がある。いずれにしても、どちらの鳥居も本来は門だったはずで、こちらとあちら側では違う世界、宗教的世界では、俗界と神界を分かつ境の役目を果たしている。古くには妊婦や当時賤民《せんみん》と呼ばれた人々を不浄のものと見做《みな》し、鳥居をくぐるのを禁じた風習も各地にあった。くぐるという行為そのものが、清めの意味を持っていたとも考えられる。淡島の淡島神社では非常に低い鳥居をくぐることにより、健康な子どもを産めるという風習があり、東大寺の柱くぐりや、茅《ち》の輪くぐりなども私たちにとって馴染《なじ》み深い。

また、かつて取材したタイや中国西域に住むアカ族がパトォー・ピー（精霊の門）という鳥居に酷似した聖なる門を持っていた。他にもイスラエルの移動型神殿などを思えば、くぐることによる浄化は、人間の共通の感性に基づくように思えてくる。

内宮を訪れると、最初に宇治橋の手前の鳥居をくぐることになる。この鳥居は先の遷宮の外宮御正殿の棟持柱《むなもちばしら》を使って建てられたものだ。さらに宇治橋を渡り終えたところにある鳥居は同様に内宮御正殿の棟持柱で出来ている。続いて火除橋《ひよけばし》を渡ると一の鳥居がある。それぞれの鳥居には紙垂《しで》の付いた榊が飾られている。ちなみに榊は、木に神と書くとおり、神道ではこの木は神様の木であることを意味し、聖域を示している。さらに二の鳥居、神宮には数多くの鳥居がある。

外宮　鳥居と榊

それぞれの鳥居の前で一礼して鳥居をくぐることが、清めであり、神様の身許《みもと》へ一歩ずつ近付くことを実感出来る。

風日祈宮橋《かざひのみのみやはし》

お子良子のひともとゆかし梅の花　（芭蕉）

内宮の御手洗場で手を洗い、口を漱いで清めを済まし、参拝の準備を整えた後、参道を行き、二の鳥居をくぐり、左手に神楽殿《かぐらでん》が現れる。右手に広がる林の中に風日祈宮へ向かう道が分かれる。真っ直ぐ御正宮へと続く道と違い、この参道は人通りも少ない。

この先にある風日祈宮橋の手前、右手には、明治以前まで子良《こら》の館《たち》があった。子良というのは物忌のことで、神宮のお祭りに奉仕していた童女たちのことをいう。江戸の俳人松尾芭蕉が詠んだのはその館の裏にあった一本の梅の木のことだ。

内宮神楽殿

今はその梅の木はないが、風日祈宮橋周辺の木々は季節毎に装いを変え、撮影をするのにも楽しいところだ。神宮は常緑樹が多く、四季の変化に乏しいのだが、秋になると橋にかかるもみじや、川辺の木々の葉が紅《あか》く染まり風情を添える。

かつてはこの風日祈宮橋を渡った先に僧尼拝所があった。神宮では僧はいうまでもなく、医者、俳諧師《はいかいし》など、僧形や法体の者の御正宮前での参拝を明治まで禁止していた。芭蕉も、おそらくこの場所から遥拝《ようはい》したと思われる。

風日祈宮橋の欄干には、六基の擬宝珠《ぎぼし》があり、南端の擬宝珠には神宮で三番目に古い擬宝珠の金石文がある。そこには「太神

風日祈宮橋

宮　風宮　五十鈴川御橋　明應七年戊午本願観阿弥　敬白」と記してある。室町の乱世の時代、五十鈴川（風日祈宮）橋は大水で流されてしまっていた。観阿弥《かんあみ》というのは、この川辺に住みつき、往来する参詣人から再架橋の寄付金を募った遊行の僧、勧進聖の一人だ。観阿弥は明応七年（一四九八）についに橋の造替を果たし、擬宝珠にその名を残した。当時は観阿弥のように神宮に貢献する僧が少なくなかった。僧尼拝所からとはいえ、当時の僧侶たちは誰よりも深く神と対話していたように思える。

何ごとのおわしますかは知らねども
かたじけなさに涙こぼるる　（西行）

風日祈宮橋　擬宝珠

平安期の僧にして歌人、西行の歌は、そんな気持ちを代表している。

現在でも、私たち一般人が御正宮を参拝する場合、外玉垣南御門《とのたまがきみなみごもん》から見えるのは中重《なかのえ》までで、瑞垣《みずがき》の中にある御正殿を見ることは出来ない。ちょっと残念な気もするが、本来、神様との接し方というのはそういう控え目なものなのかもしれない。

神宮の石

風日祈宮にお参りして、神楽殿前を通ると、忌火屋殿《いみびやでん》がある。忌火屋殿はいわば神様の台所だ。中には竈《かま》があり、大御饌の儀で捧《ささ》げる神饌のための米や餅《もち》、野菜や果物を調理する。忌火屋殿と呼ばれるのは、神宮では調理に用いられる火を古式にのっとり火きり具で熾《おこ》しているからだ。ちなみに忌むという言葉は、神宮ではネガティブな意味を表すのではなく、清らかであるとの意味が込められている。

御敷地の黒石と白石

寝地蔵

白石、黒石が演出だとしても、神宮に石信仰というのはないのだろうか。いわゆる俗信としての石信仰なら神宮にも数多くある。それらの多くは動物や植物、ときには人のような形をしている。外宮の御池《みいけ》の中堤にある亀石、地蔵のような形をした寝地蔵など挙げていけばきりがない。これらはまさしく形状が似ていたので信仰の対象となったのだと思われる。

やはり注目したいのは、神宮が信仰の対象と認め、大切にしている石神だ。内宮御手洗場の南の林の中にある水の神様である瀧祭神《たきまつりのかみ》のご神体は石だ。そして内宮の御垣内にはやはり石神の興玉神《おきたまのかみ》が鎮座する。興玉神は毎年、三節祭の前に神職らが、お祭りの奉仕を祈念するところから、非常に重要な神様として信仰されていることがわかる。他にも宮比神《みやびのかみ》および屋乃波比伎神《やのはひきのかみ》などイワクラに身を寄せる神々は多い。

興味深いのは、それらの石神がヒダのような形状をしており、明らかに海石であることだ。

外宮の三ツ石　かつて宮川が流れていた河原の名残をとどめる石

古代神話に常世の国から来た少彦名神《すくなひこなのかみ》が海辺の岩に身を寄せるという一節がある。神が鎮座するイワクラとして、このように海石が用いられていることを考えると、常世の国神話との関わりも思わずにはいられない。

神の山、神の森

朝早く内宮、宇治橋の手前から神宮を背にして見上げれば、朝靄《あさもや》にけぶる神路山が目に入る。古くは神宮の御杣山《みそまやま》として式年遷宮の御用材を伐《き》り出していた聖なる山で

興玉神　内宮の御垣内に座す石神

もある。

しかし、神路山の神聖は、いわゆる日本固有の山をご神体とするような信仰とは違うようだ。記録、伝承を調べてみたが、それらしいものは見つからなかった。たとえば元伊勢といわれる檜原《ひばら》神社を境内に持つ大神《おおみわ》神社がある三輪山は、大物主神《おおものぬしのかみ》が鎮座しご神体と崇《あが》められている。しかし、神路山は、神宮の御杣山として遷宮のための御用材を伐り出す山としての役割が大きいようだ。

一三〇〇年前、持統天皇四年（六九〇）、持統天皇の命により神宮で遷宮が初めて行われた際、神路山は近隣の島路山、前山と同じく御正殿をはじめとした建築用の資材となる檜を供給する御杣山と定められた。その後、鎌倉時代になると、檜の良材が不足し、大杉谷、鈴鹿山、木曽《きそ》山《やま》などから調達するようになる。江戸時代からは木曽と美濃《みの》が御杣山となったが、それでも近年までは最も大切な御用材である御正殿の心御柱《しんのみはしら》のための檜だけはこの神路山から調達していた。

神宮司庁営林部によると、伊勢市の面積の四分の一を占めるという神宮の宮域。広大な宮域を大別すると神域と宮域林に分かれ、宮域林はさらに第一宮域林、第二宮域林に分かれる。神域は森厳の保持を目的とし、椎《しい》、樫《かし》、樒《しきみ》、榊《さかき》などに赤松《あかまつ》、杉を上木とする針広混交林で、内外宮を合わせて一八五ヘクタール。第一宮域林は風致林として一〇九〇ヘクタールの大部分が神域と同様の天然林。そして第二宮域林は造替用の備林で、檜、杉を中心に四三二二ヘクタールに及ぶ。これらは先に挙げた神路山、島路山、飛び地の西山、東山、大山を合わせたもので、その総面積はおよそ五五〇〇ヘクタールにのぼる。その広大な森林の約半分が天然林で、数百年にわたり人手の入っていないところも多く、学術的にも貴重な森となっている。

私は夏のある日、撮影のため、そうした宮域林の中を歩いてみた。鬱蒼《うっそう》と葉の生い茂る木々の中を行くと、聳《そび》える神杉は太陽を遮り、木々の間から漏れる光が眩《まぶ》しい。夏だというのに、森の中は涼しく、ヒグラシの鳴き声が駆け巡る中、深く息を吸うとほのかな木の香りがして、清々《すがすが》しい気持ちが、胸いっぱいに広がっていく。重いカメラを担いでいても、神域を歩くのは楽しい。木々に囲まれた獣道を行けば、正に気分は森林浴だ。しかし、神宮の森を歩くときに感じるなんともいえない心地良さ、安心感とでもいうのだろうか、それは単なる森林浴では感じられないものだ。なぜだろう、神宮の自然が優しいのだろうかと思いを巡らして気付くのは、そこが単なる森ではなく、私たちを包むように見守っている神様の存在を感じるからかもしれない。

春の神路山

第二章

御正殿《ごしょうでん》と別宮《べつくう》、摂末社《せつまつしゃ》

写真：内宮御正殿

摂末社、所管社《しょかんしゃ》

神宮を訪れる正しい順番は、まず外宮《げくう》から、そして内宮《ないくう》をお参りするといわれる。もちろんそれだけでも神宮の魅力を感じることが出来る。しかし、時間が許せば離れたところにある別宮、摂末社まで足を延ばしてみてはいかがだろう。別宮というのは、御正宮の別《わ》け宮ということを意味し、荒祭宮《あらまつりのみや》をはじめとして内宮に一〇、外宮に四、合わせて一四宮ある。神宮にはこの他、摂社が四三、末社が二四社、さらに所管社が四二社ある。別宮は御正宮に次ぐ格付けで、皇室から絹や綿、麻の織物などの幣帛《へいはく》が奉じられる。摂末社の格はそれに次ぎ、摂社は『延喜式《えんぎしき》神名帳』※1に記載されている社《やしろ》、末社はそれには未《いま》だ記載されていないが、『皇太《こうたい》神宮儀式帳』※2などに記載されている社、所管社は神宮のお祭りや、お供え物に関連した社のことだ。別宮はともかく摂末社や所管社までは、と思われるかもしれないが、かつては摂末社巡りというお伊勢参りの一つの形式があった。

外宮新宮板垣前　平成25年（2013）10月

よく言われる八百万《やおよろず》の神々は、たとえば水の神、米の神、橋の神などそれぞれの役割を分担しており、天照大神《あまてらすおおみかみ》と、神域の周辺の神々だけに祈るというのは実は近年のスタイルで、本来神宮というのは伊勢市の内、外宮という点ではなく、そこを中心に志摩《しま》、多気も含めた地域全体の大きな面で構成されているので、そこも含めてお参りするというのが正しい参り方なのだ。

神宮の摂末社というと、どれも造りが同じであるため、撮影を始めたころ、私はその違いを表現するのに苦労した。しかし、数多くの社を訪れ、それぞれの役割に当たる祭典の取材を重ねていくうちに、摂末社、所管社にも様々な顔があることに気付いていった。

ここでは、衣、米、塩、水、アワビ、干鯛《ひだい》、酒といった御料《ごりよう》を司《つかさど》る代表的な社を、その役割毎《ごと》に紹介していきたい。

※1　延喜式神名帳とは、平安時代中期に編纂された格式（律令の施行細則）で、三代格式の一つである。
※2　皇太神宮儀式帳とは、皇大神宮の行事・儀式など二三か条を記した文書。延暦二三年（八〇四）、宮司大中臣真継・禰宜荒木田公成・大内人宇治土公磯部小紲らが神祇官に提出した。

衣

御料を大別すると、衣と食に分類することが出来る。衣には荒妙《あらたえ》と和《にぎ》妙《たえ》がある。荒妙とは麻のことで、松阪市の井口中町《いぐちなかちょう》にある神宮の所管社、神麻続機殿《かんおみはたどの》神社で麻布が奉織されている。また和妙とは絹のことで、松阪市の大垣内町《おおがいとちょう》にある、所管社、神服織機殿《かんはとりはたどの》神社境内の八尋殿《やひろでん》で奉織される。どちらも内宮へ神御衣《かんみそ》として供進される。

その歴史は倭姫命《やまとひめのみこと》の御巡幸神話にまで遡《さかのぼ》り、『倭姫命世記』によれば、垂仁《すいにん》天皇二五年に内宮近くに和

神麻続機殿　神社で麻を紡ぐ

神服織機殿　神社で絹を織る

妙を織る神服部《かんはとり》を作らせ、同二六年に飯野高丘宮に服織社《はたとりのやしろ》を作らせ神御衣として供進している。その後、変遷を経て現在の場所へ移っている。

神御衣奉織始祭の際、両所管社を訪れると森に囲まれた小さな社で清めの儀式の後、白衣白《しろ》袴《ばかま》の奉仕員が八尋殿の中で機を織っているのを目にすることだろう。奉仕員が素朴な機織り機に向かい、手と足を使いながら、粛々と神様の衣を織る。一織り、一織りゆっくりと作業をしているその姿に、一五〇〇年を超えて続けられてきた祈りの姿を目の当たりにすることだろう。

米

「ハエーヤハエ」大土御祖《おおつちみおや》神社の境内に入ってきた若者が掛け声をあげ、囃《はや》し立てる。舟漕《こ》ぎの所作で踊り、笛を鳴らす。

初めて神宮神田《しんでん》の御田植始《おたうえはじめ》を見た人は神宮には珍しい賑《にぎ》やかな儀式に驚くだろう。

神宮の食の祭事は米、水、塩、酒と分けられるが、まず米の社といえば五十鈴川《いすずがわ》のほとり、五十鈴橋のそばに鎮座する大土御祖神社が挙げられる。大土御祖神社の祭神は土地の守護神である大国玉命《おおくにたまのみこと》と、水の神である水佐々良比古命《みずささらひこのみこと》、水佐々良比賣命《みずささらひめのみこと》だ。土地の神と、水（治

抜穂を納める内宮の御稲御倉

水）の神であることから、神田とのゆかりが深い。私は、春に行われる神宮神田の御田植始を取材していたところ、祭りの終了後、白装束の土地の若者たちが、大土御祖神社で先のような田舞を奉納していたのだ。

神田に収穫の時期が訪れ、抜穂祭が終わると、収穫された抜穂は内宮の所管社である御稲《みしね》御倉《みくら》に奉納される。祭神は倉の守護神である御稲御倉神《みしねのみくらのかみ》。納められた抜穂は、三節祭の由貴《ゆきの》大御饌《おおみけ》の御料となる。ちなみに神宮の御正殿の床下に建てられる心御柱《しんのみはしら》も、遷宮《せんぐう》の際には御稲御倉に一度納められる。この御稲御倉だが、御正宮の御正殿と同じく唯一神明《しんめい》造りで、通常は見ることの出来ない御正殿の代わりにその造りを観察することが出来る。

塩

夏の灼熱《しゃくねつ》の太陽が照りつける伊勢市二見町《ふたみちょう》の御塩浜《みしおはま》。奉仕人が海水（汽水）が蒸発するのを見計らって、鹹水《かんすい》を集め、樽《たる》に詰める。集められた鹹水は御塩焼所の鉄平窯で煮詰め、荒塩を精製する。入浜式塩田の原始的ともいえる製塩法だ。その様子を撮影しながら、神宮の塩へのこだわりをあらためて思った。

なぜなら神饌《しんせん》だけではなく、祓《はら》い、清めにも用いられる塩は、神宮の御料の中でもとても重

御塩殿　塩造り

二見　御塩浜で塩田の砂を整備する

塩水を煮詰める

要な品目なのだ。所管社としてはこの御塩浜がある二見の御塩殿《みしおどの》がある。御塩殿神社の祭神は御塩殿鎮守神《みしおどののまもりのかみ》とされる。

水

奉仕の神職が、上御井《かみのみいの》神社の扉を開けると、扉の片側だけを開けた状態で、長柄のひしゃくを差し入れ、手桶《ておけ》を水で満たす。この時神職自身の姿を井戸の水面に映してはいけないという決まりがあるので、神職も慎重な面持ちになる。神職は神饌に用いられる神聖な水を入れた手桶をうやうやしく掲げるように持ちながら、参道を去って行く。

御饌都神《みけつかみ》とも呼ばれ、御饌、つまり神々に奉る食物を司る、豊受《とようけ》大神宮では、毎朝毎夕、文字通り神様に食事を捧《ささ》げる日別朝夕大御饌祭《ひごとあさゆうのおおみけさい》が行われ、このように水の神様である上御井神社から水をいただくのが、しきたりとなっている。

上御井神社の由来ははっきりしないが、外宮度会《わたらい》氏の祖先である天村雲命《あめのむらくものみこと》が高天原《たかまがはら》（天上）から持ち下った水を皇大神に献上し、その残りを地上の水に足したのが起源という伝説があり、後、変遷を経て、伊勢御鎮座の際に外宮に井戸を移したのが始まりだといわれている。

上御井神社からお水を運ぶ　昭和60年（1985）

アワビ

アワビは御饌の品目の中でも特別に重要な食材として扱われている。内宮石階下《せっかい》にはアワビを調理するための御贄《みにえ》調舎がわざわざ設けられており、神嘗祭《かんなめさい》と月次祭《つきなみさい》で由貴大御饌の儀が行われる際、祭主以下、この御贄調舎でアワビ調理の儀を行うほどだ。ちなみに由貴というのはたいへん大事なという意味だ。

アワビはよく知られているように志摩の名産で、今も海女《あま》が海に潜って採る。

鳥羽市国崎町《くざきちょう》の神宮御料鰒《あわび》調製所を初夏に訪れたところ、そうして集められたアワビを白装束に身を包んだ古老たちが手作

国崎の熨斗鰒作り　昭和60年（1985）

業で調製している様子を取材することが出来た。アワビの調製の仕方は、生きたアワビをかつらむきし、檜《ひのき》造りの干し場に吊《つ》って天日干しし、飴《あめ》色になったアワビを包丁で寸法に合わせて三種類に切ってワラに通していくというもの。これを熨斗鰒《のしあわび》という。熨斗鰒には身取鰒と、玉貫鰒があり、生アワビとともに三節祭で神宮に奉納する。かつて全国で作られた熨斗鰒だが、今や熨斗鰒を作るのはこの国崎だけになった。

ちなみに神宮では一般的な鮑《あわび》という漢字ではなく、鰒を用いる。神宮で鰒が重宝される理由は、中国から伝わった不老長寿の伝説がその基ではないかといわれている（矢野憲一『伊勢神宮の衣食住』東書選書、平成四年）。

干鯛

干鯛は愛知県篠島にある神宮御料干鯛調製所で作られる。干鯛とは鯛の内臓を取り、塩漬けにした後、天日で乾燥させたものだ。神宮では鯛はアワビの次に大切な神饌の品目とされている。三節祭でアワビとともに干鯛が由貴大御饌でお供えされる。干鯛は篠島では「おんべ鯛《だい》」と呼ばれ、平成一〇年（一九九八）より、御幣鯛《おんべだい》船が復活し、船団を仕立てて神宮へ献上するようになった。

酒

　由貴大御饌では食事とともに酒も神様に捧げられる。三節祭では白酒《しろき》、黒酒《くろき》、醴酒《れいしゅ》、清酒《せいしゅ》の四種類が、他の祭りでは、醴酒と清酒をお供えする。神饌にはお酒は欠かせず、日別朝夕大御饌祭でも清酒を御饌殿《みけどの》にお供えする。

　御酒殿神《みさかどののかみ》を祀《まつ》る御酒殿は内宮と外宮にそれぞれあり、かつてはここで醸造が行われていた。現在、清酒は篤志家の献納で、それ以外は忌火屋殿《いみびやでん》で醸造されている。外宮の御酒殿は忌火屋殿奥に位置しており、一般の参拝者が目にすることは出来ないが、内宮では五丈殿の北にあり、拝むことが可能だ。

献酒

荒祭宮と多賀宮《たかのみや》

内宮の御正宮《ごしょうぐう》でお参りした後、石段を降りて参道を戻ると、荒祭宮へと分かれる道がある。右手に籾種石《もみだねいし》、左手に、御稲御倉、正面に外幣殿《げへいでん》を見ながら右折し、左へと続く石段を降りていくと、荒祭宮が見えてくる。平成二五年（二〇一三）一〇月に訪れたときは、すでに遷御《せんぎょ》の儀が済んでおり、あいにくの雨にもかかわらず、古いお宮と並んで新宮の素木が薄日を浴びて金色に輝いており、その美しさに目を見張った。

石段を一度降りた後、さらに荒祭宮への石段を上る。ここで誰もが気付くのは、この別宮には鳥居がないことだ。では、どうして第一の別宮である荒祭宮に鳥居がないのか。調べてみると、一四の別宮の中で荒祭宮と外宮の多賀宮だけに鳥居がない。

これについては諸説ある。たまたま居合わせた団体のガイドは、引き連れているお客さんたちにこう説明していた。

「荒祭宮には鳥居がありません。それは荒祭宮の御祭神は御正宮と同じく天照大神だからです。御正宮では大神の和御魂《にぎみたま》を、この荒祭宮では荒御魂《あらみたま》を祀っています。ですので、この二つのお宮は場所は少し離れていますが、一体となっているのです。そのため鳥居がないのです」

確かに荒祭宮は天照大神の荒御魂を祀っている。同じように外宮の多賀宮では、豊受大神《とようけのおおかみ》の荒御魂である豊受大御神《とようけのおおみかみの》荒御魂《あらみたま》を祀るが、やはり鳥居がない。一体であるから鳥居がないのかどうかはとりあえず置いておく。和御魂、荒御魂とはどういうことなのだろうか。

神宮の関係者は、一様にこのように説明する。和御魂は平和な、静かな状態の神様の御魂、これに対し荒御魂は、積極的、活動的な御魂であると。より力強い働きをしてくれるのが、荒御魂という解釈なのだ。

ただ、神道には、荒御魂というのは、洪水や地震、干ばつなど天変地異を起こし、世の中に災いをもたらす恐ろしい力を持った御魂であり、御魂の怒りを鎮め、干ばつでは雨を降らし、長雨では太陽の恵みとなり、人々を優しく包み込むような和御魂に変えていくのが祭りであるという考え方もある。アジア、南米、アフリカと、世界のアニミズムを取材してきた私の個人的な思いを言えば、その方がしっくりくる。須佐之男命《すさのおのみこと》に代表される荒ぶる神の姿というのは、自然の持つ荒々しい側面を体現しているようで、東日本大震災がそうであったように、古代に

遷御の儀を終えた荒祭宮　平成25年（2013）10月

瀧原宮

月夜見宮

風日祈宮

おいても、人智を超えた強大な自然の力は、決して人間にとって優しいばかりではなかった。

ところで、鳥居がない理由については、御正宮との一体説に異を唱える神職もいる。なぜなら同じように荒御魂を祀る別宮、月讀《つきよみの》荒《あら》御魂宮《みたまのみや》や月夜《つきよ》見宮《みのみや》には鳥居があるからだ。

いずれにしても鳥居の理由がなんであれ、荒祭宮と多賀宮は、他の別宮とは一線を画し、際立って重要な宮であることは間違いない。どちらも石段を上る高いところに位置しているだけではなく、神嘗祭では、天皇からの勅使も参向し、由貴大御饌では、御正宮に引き続き神饌を供えられる。そして神御衣祭では、御正宮と荒祭宮にだけ、和妙と荒妙が奉られ

荒祭宮　由貴大御饌

倭姫宮　由貴大御饌

多賀宮

る。

私は御正宮の裏手にあたる、深い森を背景に佇《たたず》む荒祭宮と、その静けさが好きで、御正宮でお参りした後には必ず訪れたものだ。今でこそ、訪れる人もやや増えてきたが、三〇年前は御正宮がどんなに混雑していても、荒祭宮と風日祈宮《かざひのみのみや》周辺だけは閑静で、神宮の歴史や神話の世界に思いを巡らし、神々の気を感じるにはとてもいい場所だった。今や参拝者が増えたとはいえ、まだまだ静けさの残る荒祭宮、御正宮の参拝後には必ず訪れたい別宮である。

瀧原宮《たきはらのみや》

神宮の取材を始めたばかりのころ、早朝、宮川《みやがわ》沿いの道を遡り、伊勢市から四〇キロも離れた瀧原宮を初めて訪れたときのことは忘れもしない。森に囲まれ、巨大な神杉が林立する長い参道を歩くと、小さな宿衛屋があり、そこを右に下ると小さな御手洗場《みたらし》がある。宮川の支流、頓登川《とんど》で口を漱《すす》ぎ、手を清め、再び参道を行くと、広い敷地に瀧原宮が見えた。高く聳《そび》える

古代の伊勢神宮神域を彷彿させる瀧原宮の佇まい

木々からは木漏れ日がスポットライトのように瀧原宮に当たって輝き、その神々しさに心を打たれた。

それにしてもなんと野趣溢《あふ》れるお宮だろう。一様な景観が多い他の別宮とは全く違い、個性的で、森と一体となっている奥行のあるその佇まいは、小伊勢神宮ともいえるような風情で、昔の神宮の様子は、この瀧原宮のようではなかったかと想像が膨らむ。

瀧原宮の歴史は倭姫命の巡幸にまで遡る。『倭姫命世記』によれば、天照大神を祀る場所を探して旅をしていた倭姫命が宮川の下流の磯宮《いそのみや》から上流に遡ったところ、急流の瀬で行く手を阻まれた。すると真奈胡神《まなごのかみ》が現れ、倭姫命を対岸へ渡した。そのことに感謝した倭姫命は、真奈胡神を祀る御瀬社《みせのやしろ》をこの地に定めた。それが摂社《せっしゃ》、多岐原《たきはら》神社の起源とされている。

実際にこの多岐原神社は瀧原宮から宮川の下流六キロのところにあり、近年までここに熊野《くまの》街道の「三瀬の渡し」と呼ばれる舟の渡し場があった。

真奈胡神の案内で倭姫命は「大河の瀧原の国」という美《うる》わしい土地と出会い、この地に草木を刈り払って新宮を建てられたのが、瀧原宮の起源だという。その後、御神託により現在の神宮の地に鎮座することになり、瀧原には天照坐皇大御神御魂《あまてらしますすめおおみかみのみたま》を祀ることにしたと記述されている。

瀧原宮　参道

禁煙

瀧原宮　参道

瀧原宮の宮域は四四ヘクタールと別宮としては際立って広く、瀧原宮と瀧原竝宮《たきはらならびのみや》の二つの別宮が並ぶように立つ。両宮とも天照大神御魂を奉じているのは、内宮に荒祭宮があるのと同じく、非常に古い祀り方ではないかといわれている。

両宮の奥には、瀧原宮の所管社二社がある。その一つ、所管社の若宮《わかみや》神社の隣には、ご神体を入れる御船代《みふなしろ》を納める御船倉《みふなぐら》がある。その由縁ははっきりしないが、御船倉を持つ別宮は瀧原宮のみである。神宮に遅れること一年、瀧原宮で遷御が行われるときには、この御船倉も新しく建て替えられる。

内宮から遠く離れ「大神の遙宮《とおのみや》」と呼ばれる瀧原宮。様々な謎に満ちたこの別宮を訪れ、神宮の原形とでもいうべきその佇まいを体験し、神話の世界に思いを馳せて欲しい。

内宮と外宮のツキヨミノミヤ

社殿の外観が共通である別宮撮影は難しいとはいえ、月の神様を祀る月讀宮《つきよみのみや》に関しては、

月夜見宮に祈る人々

明確なイメージがあった。月讀宮を仲秋の名月を背景に撮ることにしたのだ。

　昭和六〇年（一九八五）、仲秋の夜、月讀宮の神域で、夜の帳《とばり》の中で月光に照らし出された月讀四宮と対峙《たいじ》した。四宮の周りは深い森に囲まれており、空を蝙蝠《こうもり》が飛び、猪《いのしし》の気配も漂う。伊勢市の内宮と外宮を結ぶ御幸《みゆき》道路の中間地点という、市の中心部にありながら、野生の動物の気配を感じさせるのは、森の中にある神宮の別宮らしいところだ。

　宮域には四つの宮が並び、向かって右（東）から月讀尊荒《つきよみのみことのあら》御魂《みたま》を祀る月讀荒《つきよみのあら》御魂宮《みたまのみや》、月讀尊《つきよみのみこと》の月讀宮。伊邪那岐命《いざなぎのみこと》を祀る伊佐奈岐宮《いざなぎのみや》。伊邪那美命《いざなみのみこと》の伊佐奈《いざな》弥宮《みのみや》と並び、参拝は月讀宮からだといわれている。

この月讀宮は、内宮の別宮にあたり、荒祭宮に次いで第二の格、内宮の宮域外では最高格の別宮とされている。荒祭宮は天照大神の荒御魂を祀る宮なので、太陽の神である天照大神の次に月の神が位置するというのは興味深い。ちなみに、外宮にも同じく月の神様を祀る月夜見宮があり、月夜見尊《つきよみのみこと》と月夜見尊荒御魂《つきよみのみことのあらみたま》が祀られており、それぞれに荒御魂が祀られていることから月の神様がいかに重要かということが分かる。

フクロウの鳴き声を聞きながら、月光に浮かび上がる月の神様を拝んでいると、神話の世界が蘇《よみがえ》ってくる。『日本書記』によると、伊邪那岐命を父に、伊邪那美命を母に、天照大神が生まれた。その次に月讀尊が出生したとあるので、月讀尊は天照大神の弟にあたる。そして月讀尊は夜之食国《よるのおすくに》を治めるように命を受けたとある。

このあたり、日中に天上（高天原）を照らす天照大神と、夜に闇を照らす月讀尊が対になっているようで興味深い。考えてみれば古代の人々は月の満ち欠けを基に太陰暦を使用していた。暦は農耕民族である日本人にとって、とても大切なものだ。

ちなみに月讀四宮は、『皇太神宮儀式帳《こうたいじんぐうぎしきちょう》』によれば一囲いの瑞垣《みずがき》内に、祀られていたとある。つまり四宮合わせて月讀宮だったのだが、後に、伊佐奈岐宮と伊佐奈弥宮が一院を、月讀宮と月讀荒御魂宮が一院をと二つに分かれ、さらに明治になって、四宮それぞれが仕切られるようになった。
無事撮影を終えた私は、外宮の月夜見宮へ移動した。ちなみに外宮の北門から月夜見宮へ至る三〇〇メートルほどの直線は、神路通りと呼ばれ、こんな歌が詠まれている。

宮柱立てそめしより　月よみの　神の行き交ふ中の古道　（『勢州古今和歌集』）

俗説によると、神路通りは夜になると、月夜見宮の神様が豊受大神宮のもとへ通う道だという。そのため夜はこの道を通行したり、道路の真ん中を歩いてはいけないと伝えられる。信仰の厚い伊勢の人々は、夜はなるべくこの道を通らず、道路の真ん中も歩かないようにしているとか。親しみを込めてつきよみさんと呼ばれる月夜見宮は、庶民の心の中でも生きていた。

月讀宮

様々な別宮

本章では代表的な別宮のみを記したが、ここに掲げた別宮を含め、神宮には一四の別宮があり、簡単に記す。

内宮別宮　風日祈宮《かざひのみのみや》

内宮宮域、風日祈宮橋の先に静かに佇む風日祈宮がある。祭神は級長津彦命《しなつひこのみこと》と級《し》長戸辺命《なとべのみこと》である。風日祈宮はかつて風神社と呼ばれる末社としてその位置付けは決して高いものではなかった。しかし文永一

外宮　風宮

外宮　風宮

風日祈宮

一年（一二七四）と弘安四年（一二八一）の元寇《げんこう》の際に、神風を起こして国を守ったとされ、別宮に格上げとなった。

現在では、五月一四日と八月四日の年二回、風雨の災害を防ぎ、五穀の豊穣《ほうじょう》をもたらすように、御正宮はじめ各社で風日祈祭《かざひのみさい》が行われている。私は五月の風日祈祭を取材したのだが、神前には御幣《ごへい》に続き、風雨をしのぐ御笠《おんかさ》と御蓑《おんみの》が捧げられていたのが印象的だった。

内宮別宮　倭姫宮《やまとひめのみや》

第一一代垂仁天皇の皇女倭姫命は、第一〇代崇神《すじん》天皇の皇女豊鍬入姫命《とよすきいりひめのみこと》の後を継いで「御《み》杖代《つえしろ》」として諸国を行脚《あんぎゃ》し、現在の神宮の地を定めたという神話で知られている。倭姫命は鎮

菅（すげ）で編んだ御笠と御蓑　風日祈祭より

座だけではなく、別宮や摂末社などを定め、神田や御料に関わる神領なども定めたとされており、神宮の成り立ちの物語の中での貢献度はたいへんなものだが、大正一二年（一九二三）に内宮別宮としてこの宮が創建されるまで、不思議なことに倭姫命を祀る神社がなかった。倭姫宮は神宮徴古館や皇學館《こうがつかん》大学が建つ倉田山にある。

内宮別宮　伊雑宮《いざわのみや》

内宮の別宮の中で、瀧原宮と同様に遥宮として鎮座するのが志摩市磯部《いそべ》の伊雑宮だ。祭神は天照坐皇大御神御魂で、かつての伊勢国外で唯一の別宮である。伊雑宮の歴史は、神宮への神饌を奉納する御贄《みにえどころ》地を求めて倭姫命が志摩を訪れたところにまで遡る。この地で伊佐波登美《いざわとみの》

御田植式

命《みこと》が倭姫命を出迎えたので、天照大神の御魂を祀ったと『倭姫命世記』には記されている。宮域には楠《くすのき》の巨木があり、「きんちゃく楠」と呼ばれ親しまれている。伊雑宮の御田植式は有名で、神田を持つのは別宮の中でもこの伊雑宮だけである。

外宮別宮　土宮《つちのみや》と風宮《かぜのみや》

外宮の御正宮から多賀宮のある檜尾山《ひのきおやま》に向かうと右手に土宮が現れる。

祭神は、外宮所在地の地主の神である大《おお》土《つち》乃《の》御祖神《みおやのかみ》。かつては末社、土御祖神社だったが、大治三年（一一二八）、当時外宮のそばまで支流が流れていた宮川の氾濫《はんらん》を防ぐため、地主の神を昇格させ、防水を祈《き》

古殿地から望む土宮

禱《とう》したと伝えられる。

風宮は土宮の反対側、南向きに鎮座する。内宮の風日祈宮と同様、元寇で神風を起こしたとして別宮に格上げされ、風雨の恵みをもたらす神として崇められてきた。祭神は級長津彦命と、級長戸辺命。

御正宮へ

忌火屋殿前から籾種石を過ぎ、玉砂利を踏みながら参道を東へ進むと右に御贄調舎、左に御正宮へと上がる石段が見えてくる。御贄調舎というのは、大御饌を捧げる前に鰒を調理する儀式が行われるところだ。平成二五年（二〇一三）に遷御を終えた御正宮は左手、手前側、つまり西側にある。東側には古殿地《こでんち》が広がる。ここから群馬県産の三波石《さんばいし》で造られた二〇段の石段を上れば、板垣門の前に来る。一礼して中に入ると左手に宿衛屋があり、神職が交代で二四時間詰めて神様に仕えている。

外宮中重　左奥は四丈殿　右手は外玉垣南御門

一般の人々はここから外玉垣《とのたまがき》越しにお祈りすることになる。神宮の正しい拝礼は、二拝二拍手一拝といわれている。厳格な作法だと、まず神前に立ち四五度の深いお辞儀をする。それから九〇度の深い礼（拝）を二度する。次に胸の前で拍手を二度打つ。この時、右手を左手の第一関節までずらし、拍手の後、手を合わせる。日々の感謝の気持ちを捧げた後、九〇度の深い礼をし、最後に四五度のお辞儀をして退出するというものだ。

ちなみに御正宮には賽銭箱《さいせんばこ》がない。律令制の時代、神宮には天皇以外の者が幣物《へいもつ》を捧げることを禁じた「私幣禁断《しへいきんだん》」という制度があり、皇后や皇太子であっても天皇の許可を得なければ奉幣出来ないという厳粛な決まりがあった。今でも賽銭箱がないのはその由縁だ。なお、内宮御正宮は神様に感謝の気持ちを捧げるところで、願い事をするところではないともいわれている。

ここで一般の参拝者の御正宮のお参りは終わる。御正殿を囲む御垣《みかき》は五重にあり、外側からまず板垣で仕切られ、さらに外玉垣、内玉垣《うちたまがき》、蕃垣《ばんがき》、瑞垣《みずがき》がある。御正宮の前で私たちが通常見ることが出来るのは、外玉垣越しに中重《なかのえ》と呼ばれる敷地までで、御正殿を拝するまで垣根で何重にも隔てられている。そのため、御正殿の全貌はとても見ることなど出来ず、萱葺《かやぶ》き屋根や千木《ちぎ》、鰹木《かつおぎ》を垣根越しに拝むのみだ。

ところが二〇年に一度だけ、報道関係者などが中に入る機会が与えられる。それが新しい社殿が完成し、神様のご神体を遷《うつ》す直前の新御敷地《しんみしきち》なのだ。

内宮と外宮の御正宮

平成二五年（二〇一三）九月七日、まだ遷御の儀が行われる前の内宮の新御敷地へ入った。遷御がまだ行われていないとはいえ、普段は入ることはおろか、見ることすら許されない御敷地である。

初めて完成となった新御敷地に入ったのは二〇年前の遷宮のときだった。その時は長年待ち望んでいた御正殿をついに拝することが出来るというので、感無量だった。今回、二〇年ぶりに見る御正殿は、檜の素木が薄日を受けて輝いており、その美しさにあらためて心を打たれた。

まず唯一神明造《ゆいいつしんめいづく》りと呼ばれる神宮御正殿の建築様式の特徴について述べよう。最大の特徴は、掘立式の円柱を地中に埋めて建てられた高床式の建物であるということだ。そして、そのシン

外宮　中重

唯一神明造りの内宮御正殿　古代の穀倉を原形にしている

外宮御正殿　高欄（こうらん）と五色の宝珠

メトリーで直線的な構造にある。萱葺きの屋根は切妻で、棟の上には鰹木が並ぶ。内宮と外宮では、多少造りに違いがあり、鰹木の数は内宮が一〇本、外宮が九本、千木はその先が内宮が地面と水平になっており（内削）、外宮は千木の先が垂直に切られている（外削）。その構造は、掘立柱が円筒形であることを除けば、全て直線である。

そして装飾を出来るだけ排した檜の素木造り。檜の建築は数あるが、塗らずに素木のまま使用するのは神宮ぐらいだ。神明造りの原形は高床式の穀倉にあるといわれ、シンメトリーで直線的でありながら、素木の温もりによってそれが、温かみを持って感じられる。

これまで訪れた世界の神殿といえば、アテネ

内宮西宝殿

のパルテノンをはじめとして、権力や神威を誇示し、ややもすれば派手な装飾になりがちなのに、この簡素と形容してもいいような造りでありながら、崇高に感じられる神殿の造りは、古代の人のなんとセンスの良いことかと感嘆する。ちなみに唯一神明造りという言い方は、神明造りの神社は他にもあるが、神宮の神明造りを他の神社が模倣するのは憚《はばか》られるとして避けており、そのため神宮にしかないという意味で唯一神明造りと呼ぶ。

なお外宮と内宮では、社殿の配置も異なる。内宮の社殿は南向きで、御正殿の北側左右に御装束神宝《おんしようぞく》を納めた東宝殿と西宝殿がある。外宮の東宝殿と西宝殿は御正殿の南側、左右に配置されており、食を司る外宮のみに御饌《みけ》

内宮新御敷地から望む遷御前の御正宮

外宮御正殿

外宮御正殿　御扉と階段

外宮御正殿階段

外宮御饌殿　御扉と階段

内宮御正殿

内宮御正殿の回廊　高欄の擬宝珠と飾り金物

外宮の鰹木　内宮は10本、外宮は９本ある

殿《でん》がある。御饌殿の建築様式は独特で、平入切妻だが、柱を使わず、横板壁と棟持《むなもち》柱《ばしら》二本だけで屋根を支える。板校倉造り《いたあぜくら》と呼ばれるその造りは正倉院などの校倉造りとともに現存する貴重な建築様式といわれている。

私は朝八時半から撮影を始め、一〇時に内宮の撮影を終えると、一一時から外宮の撮影に向かった。天候はあいにくの薄曇りで時々日が射す程度、必ずしもいいとはいえなかったが、なんといっても二〇年に一度だけの機会だ。それよりも、三〇年にわたり撮り続けている私の気持ちを汲《く》んで、神宮の職員が特別に付き添ってくださった心根にただひたすら感謝するばかりだった。

第三章

年中の神事

写真：神嘗祭御卜の儀　昭和59年（1984）

神宮には様々な祭りがある。正月の歳旦祭《さいたんさい》から大晦日《おおみそか》の大祓《おおはらい》まで、外宮《げくう》での朝夕の神饌《しんせん》のお供え、日別朝夕大御饌祭《ひごとあさゆうのおおみけさい》を入れれば、年間の祭事の数は約一五〇〇にも及ぶ。この章では代表的な祭事について記す。

日別朝夕大御饌祭

神宮には様々な神事があるが、なかでも神饌に関連した神事がその大半を占める。米を作り、火を熾《おこ》し、塩を作り、鰒《あわび》を調製するなど、そのプロセス自体がそれぞれ神事になっており、最後に大御饌として神様に供えて完結する。その儀式数の多さから、いかに神饌というものが神宮にとって大事なものかがよく分かる。

まず、外宮で行われている日別朝夕大御饌祭、別名常典御饌《じょうてんみけ》について記してみたい。日別

火きり具で忌火を切る　昭和59年（1984）

朝夕大御饌祭はその名の通り毎朝毎夕神宮の外宮で行われる。調理が行われるのは外宮御正宮《ごしょうぐう》の忌火屋殿《いみびやでん》だ。ここで調理した神饌を御正宮の御饌殿《みけどの》へお供えするのが日別朝夕大御饌祭だ。

　神饌の調理のために使用する火は、古代の方法を受け継いで、権禰宜《ごんねぎ》の手により火きり具を用いて熾す。これは木と木の摩擦で火を熾す発火法である。これにより発火した火は忌火と呼ばれ、神様のご飯を蒸すのに用いられる。神宮では米は炊くのではなく、煙突のない釜で蒸す。忌火はこうした調理だけではなく、夜のお祭りの松明《しょうみょう》などにも用いられる。神饌に用いられる水も外宮の宮域にある上御井《かみのみいの》神社から運ばれ

朝御饌の献立　昭和59年（1984）

る。これについては第二章の摂末社《せつまつしゃ》、所管社《しょかんしゃ》の項でも触れている（八二頁）。水や塩を盛る土器は、神宮の土器調製所で作られたものだ。こうして出来上がった神饌は辛櫃《からひつ》に入れて運ばれ、忌火屋殿前でお祓《はら》いを受ける。

大御饌の品目は次のようなものだ。

御飯三盛、御塩、御水、乾鰹《かつおぶし》、鯛《たい》（夏季はカマス、ムツ、アジ、スルメなどの干し魚）、海藻（昆布、荒布《あらめ》、ひじきなど）、野菜、果物、清酒三献

（矢野憲一『伊勢神宮の衣食住』東書選書、平成四年）

祓いを終えると、神饌の入った辛櫃を板垣《いたがき》内へ運び、御饌殿へお供えする。もちろんその様子を見ることは出来ない。御饌殿の御扉はわざと音がするように建てつけられており、扉が開くギィという音を聞くことが出来る。

日々の恵みに感謝し、神様にたいへんな手間をかけて毎朝毎夕の御饌を捧《ささ》げる。地味だが、なんと感謝の心の籠《こも》った儀式だろう。一五〇〇年を超えて毎日受け継がれてきたこうした儀式に込められた深い思いを感ぜずにはいられない。

日別朝夕大御饌祭　神職と御饌殿の御鍵　昭和59年（1984）

御塩殿祭《みしおどのさい》

塩に関しては、毎年一〇月五日に二見《ふたみ》の御塩殿で、御塩殿祭が行われる。御塩殿祭とは、御塩造りに関わる奉仕者の安全を祈り、品質の良い堅塩がより多く採れるように祈る祭りだ。御塩造りについては、第二章の摂末社、所管社の項での御塩殿神社の頁（七八頁）を参照していただきたい。

神御衣祭《かんみそさい》

神御衣祭は、五月一四日と一〇月一四日に行われる和妙《にぎたえ》と荒妙《あらたえ》を内宮《ないくう》の御正宮と、荒祭宮《あらまつりのみや》にお供えするお祭りだ。お祭りの時期が五月と一〇月ということで、神御衣も夏用と冬用と変わるため、一般的には神様の衣替えと捉えられている。しかし、神御衣祭の歴史は神嘗祭《かんなめさい》に次ぐ古いもので、単なる衣替えではなく、神嘗祭や遷宮《せんぐう》に通じる、神様がその力を新しく更新するという深い意味があるのではないかと考えられている。

神御衣作りについては第二章の内宮の所管社・神服織機殿《かんはとりはたどの》神社と神麻続機殿《かんおみはたどの》神社の頁（七三頁）を参照。

神田下種祭《しんでんげしゅさい》から抜穂祭《ぬいぼ》まで

神宮の恒例式、つまり年中の神事で食に関するものが多いことは先に述べた。ここでは具体的にそれぞれの神事に触れていく。

神馬見参

神田の神事

神宮神田は伊勢市楠部町《くすべちょう》、五十鈴川《いすずがわ》のほとりにあり、作付面積三万平方メートルの水田で、収穫された米は神宮の神様のためのみに捧げられる。五十鈴川の清らかな水を引いて、農薬などを一切使わず御料《ごりょう》となる粳米《うるちまい》と糯米《じゅまい》（もち米）を作っている。

米がいかに神宮にとって重要かは、『日本書記』の神話を読めば明らかだ。そこには神が高天原《たかまがはら》で育てていた稲の籾種《もみだね》を、天孫降臨の際に日本人の主食として瓊瓊杵尊《ににぎのみこと》に授けたとある。稲は稲魂が宿る特別な食べ物で、神宮神田はその稲を育む大切な場であり、神宮鎮座と同時にこの神田も定められたと伝わる。

神田での神事は当然ながら、実際の稲作の作業と同期して行われる。

四月初めになると、神田で大宮司を始めとして禰宜《ねぎ》らが参列し、神田に種を蒔《ま》く神田下種祭が行われる。

多賀宮　神嘗祭　懸税（かけちから）

まず忌鍬山《ゆくわやま》の麓《ふもと》にある山口《やまぐち》祭場で山の神に、鍬《くわ》の柄にする樫《かし》の木をいただく許しを請う「山口祭《やまぐちさい》」を行い、次に伐採する木の根元で「木本祭《このもとさい》」を行った後、その木で小学生の童男が鍬を作る。鍬が出来ると禰宜らは「まさきのかつら」を烏帽子《えぼし》につけて神田に降りる。そして禰宜が作長に忌鍬《いみくわ》を渡し、白装束の神宮職員が籾種を蒔くと、作長が鍬を振り上げながら、地面を打ち、耕す所作をする。

　この時、皆が次のような伝統の御田歌《みたうた》を唄う。

　天鍬《あめくわ》や真佐岐《まさき》の蔓《かづら》
笠にきて 御田うちまつる 春の宮人《みやびと》

五月になると、神田御田植初式《おたうえはじめしき》が行われる。神宮からは神職二名が参加して行われる。これは古代においては田植えではなく、直接種を蒔いていたせいで扱いが軽いのではないかといわれている。

烏帽子姿の青年や早乙女《さおとめ》が、太鼓や鼓、ササラの田楽の調べに合わせて植えていく華やかな姿は、見ているだけで晴れがましい。田植えが終わると、竹扇を持った青年たちが「ヤア」と掛け声をかけ、大団扇《ごんばうちわ》を持った青年二人が団扇を重ね合わせながら三回まわり、豊作を祈る。

別宮《べつくう》の中で唯一神田を持つ伊雑宮《いざわのみや》でも、六月二四日に盛大な御田植式が行われる。こちらの御田植式は、勇壮で華やかな祭りの様子から、日本三大御田植祭の一つとされている。

祭りは宮域の南に隣接する神田で、地元民の奉仕によって行われ、伊雑宮でお祓いをした村の若者たちが、神田に降りていくところから始まる。神田の中央には、高さ二〇メートルほどの忌竹が立てられており、その先には宝船が描かれた大団扇がついている。お祭りは下帯一つになった若者たちが泥まみれになりながらその大団扇を奪い合う竹取神事で盛り上がる。村人が行う祭りとはいえ、これほど荒々しい祭りは神宮関連では珍しい。奪った団扇は海の男たちのお守りになるという。

伊雑宮　御田植式

御田植初の直後、大土御祖神社で田舞を奉納

大団扇の奪い合いが終わると、苗取が始まる。女装をした男の子が田舟に乗って踊り、太鼓や笛が鳴り響く中、早乙女たちが一列に並んで植えていく。

この間、小さな宴が持たれ、若布《わかめ》が酒肴《しゅこう》としてふるまわれていた。このあたりも海の民でもある土地柄が感じられて興味深い。

苗取を終えると、神田から目と鼻の先にある伊雑宮まで何時間もかけて「踊り込み」を行いながら進んでいく。

なんとも晴れがましく勇壮華麗な御田植式。実際に取材してみると、地元民と伊雑宮が一体となった神宮にしては珍しく派手なお祭りに心が躍った。

抜穂祭

風雨の災害を防ぎ、五穀豊穣《ごこくほうじょう》を祈る風日祈祭《かざひのみさい》の祈りが届き、稔《みの》りの秋を迎えると、神宮神田では黄金色に輝く稲穂がたわわに実る。昭和六〇年（一九八五）、私は九月上旬に神宮神田の抜穂祭に取材に赴いた。

秋晴れの雲一つない空の下、大宮司や少宮司の見守る中、稲穂に合わせるかのように黄金色の装束を身に纏《まと》った作長と白装束の作丁《さくてい》一〇人が神田の前に並ぶ。忌鎌《いみがま》と呼ばれる鎌を手にした作丁二人が神田に入り稲を刈る。刈った稲を一本ずつ抜き取ると、麻ひもでくくり、二つの束を作った。

この日に刈り取った稲はチヨニシキという品種で、神田では他にもキヌヒカリなど一〇種類の米を作っている。この神事を皮切りに、三ヘクタールの神田から約一か月かけて刈り取った抜穂の御稲《みしね》は三節祭で使用するため、神田で数日乾燥させた後、内宮の御稲御倉《みしねのみくら》と外宮の忌火

神宮神田と抜穂祭

抜穂祭

屋殿に納め保管され、一〇月の神嘗祭、そして一二月、翌年六月の月次祭《つきなみさい》に備える。

今年も無事に抜穂祭を終えた安堵感《あんどかん》からだろう。神職や奉仕員の顔は皆晴れやかだった。神宮のお祭りの一番大きな趣旨が五穀豊穣であることはいうまでもない。今年も感謝を込めて新穀を神様に捧げることが出来る、そんな心からの喜びが伝わってきた。

神嘗祭

毎年一〇月一五日から二五日にかけて行

われる神嘗祭は神宮で最も重要な神事だ。

神嘗祭を特別なお祭りと考えている伊勢市民も「おおまつり」と呼ぶ。神話をたどれば、天照大神《あまてらすおおみかみ》が瓊瓊杵尊に託したのが三種の神器と稲穂。この時、天照大神は「斎庭の稲穂の神勅」を瓊瓊杵尊に告げる。それは高天原（天上）の田で育った稲を豊葦原《とよあしはら》（地上）に植えて、稔り豊かな国にしなさいというもの。教えを守った瓊瓊杵尊は豊葦原に瑞穂《みずほ》の国を築いたと伝えられる。そのことを思うとき、神様に感謝を込めて新穀を捧げるという神事がどれだけ大きな意味を持つかよく分かる。

神嘗祭の準備は九月の晦日《みそか》の大祓から始まる。五十鈴川のほとりの祓所で神職全員が大祓を行い、身を清めて準備を整え、祭りの前日には斎館《さいかん》に籠って、参籠潔斎《さんろうけっさい》をする。神事の準備が整ったところで、奉仕の神職が神の御心にかなうかどうか、神様にお伺いを立てる御卜《みうら》から神嘗祭が始まる。

平成二五年（二〇一三）一〇月一五日の午後五時、斎館を出た神職は、あいにくの雨の中、傘をさして御正宮へ歩んでいた。久しぶりに撮影する御卜だったが、すでに薄暗くなった参道を、白い装束の長い列が浮かび上がるその姿は、まるで地上から天界へ向かって歩く行列のように見えた。

この後、祭主以下、神職全員が内宮御垣内《みかきうち》の中重《なかのえ》に参入した。ここで大祭奉仕の資格があるかどうか、神様に伺うためだ。ところが以前と違い、中重のその様子は撮ることはおろか見ることも出来なくなっており、報道陣に許されたのは神楽殿《かぐらでん》前の参進だけだった。

なので、ここからは、私がかつて二〇年以上も前に取材した御卜の写真をお見せしながらの叙述となる。御卜の撮影は板垣門越しに行った。神職が板垣内にある中重の所定の位置につくと、所役の者が、祭主をはじめとしてそれぞれの神職の名を読み上げる。これを歴名という。次いで、別の所役の者がひゅうと口笛を鳴らす。これを口嘯《うそぶき》という。するともう一人の所役が琴板《こといた》を笏《しやく》でポンと鳴らす。無事、琴板が鳴らされると読み上げられた神職は神慮にかなったことになる。夕闇せまる神宮の森の中、歴名、口嘯、琴板が悠然と交わされていく様は、古代朝廷の絵巻物を見ているかのようだ。

神様に特別な神饌をお供えする神嘗祭で最も重要な神事、由貴大御饌《ゆきのおおみけ》は午後一〇時と翌日の深夜二時に行われる。平成二五年（二〇一三）の由貴大御饌では、松明に足もとを照らされながら、午後九時半に祭主を先頭に、大宮司、少宮司以下、神職の列が斎館《さいかん》を出発し忌火屋殿前へ向かった。

ちなみにこの年の祭主は、臨時祭主として天皇陛下《へいか》の長女、黒田清子《さやこ》様が務められた。祭主

神嘗祭　御卜の儀

大祓

とは、天皇陛下の勅旨により、陛下の代理として神宮の祈念祭、月次祭、神嘗祭の大祭に参向し、祭りを司《つかさど》る大切な役職だ。私が初めて神嘗祭を取材した昭和五九年（一九八四）の祭主は、昭和天皇の第三皇女鷹司和子様だった。鷹司様が神嘗祭で奉仕される姿を初めて目にしたときには、その凜《りん》とした姿に心を打たれた思い出がある。その後、鷹司様の引退を受け、妹の池田厚子様が後を継がれ、現在に至る。平成二四年（二〇一二）補佐役として、黒田清子様が臨時祭主に就任された。三代にわたる祭主が、神嘗祭に奉仕される姿を撮影できたのは、神宮の祭事を撮り続けた写真家として大変光栄に思っている。

やがて神職らは忌火屋殿に整列されると、並べてある辛櫃とともに、修祓《しゅばつ》（神道用語でお祓い）の儀がもたれた。

神饌と奉仕者のお祓いが終わると、行列は御正宮の石段下、正面にある御贄《みにえ》調舎に入った。この御贄調舎はアワビを調理するためだけに設けられたもので、御贄調舎には、豊受《とようけ》大神の石の神座があり、その前でアワビを調理する御贄調理の儀が持たれる。

現在は撮影禁止だが、三〇年前の取材では、権禰宜が忌箸を使い、忌刀でアワビを切って、御塩をあえている様子を見ることが出来た。忌刀を手に松明の赤い炎に浮かび上がる権禰宜やそれを見守る祭主の姿から、神宮の神饌に込めた思いが伝わってきた。

神嘗祭由貴大御饌　忌火屋殿前の祓い

神嘗祭由貴大御饌　忌火屋殿前の祓いを終え御正宮へ　平成25年（2013）

神嘗祭由貴大御饌、御贄調理の儀　左は祭主鷹司和子様　昭和58年（1984）

荒祭宮の神嘗祭由貴大御饌の儀　昭和59年（1984）

御贄調理の儀を終えると、祭主以下神職は石階《せっかい》を上り、内院に参入する。ここから先は今も昔も取材不可。私はカメラを置き、階下で庭燎《ていりょう》を見つめながらじっと待つ。しばらくすると、厳かな調べの雅楽が、瑞垣《みずがき》の方から聞こえてきた。楽師の奏でる神楽歌だ。内院で、神様に由貴大御饌が捧げられているのだ。三節祭の由貴大御饌のときだけに捧げられる特別な品、干鰒《あわび》と干鯛《ひだい》とともに新米のご飯、お餅など三〇品目の神饌と、白酒《しろき》、黒酒《くろき》、醴酒《れいしゅ》、清酒《せいしゅ》の四種のお酒がお供えされる。

神楽歌がいったん止むと、大宮司

月夜見宮の神嘗祭由貴大御饌の儀

が祝詞《のりと》を奏上し、皇室が栄えることと、国民の平安が祈られる。やがて外玉垣《とのたまがき》外にも響く大きな八開手《やひらで》（拍手）が聞こえてきた。これは大宮司以下全員が、立ちつ座りつの拝礼を四度繰り返し、八回拍手を打つ八度拝の八開手の音だ。八度拝は神宮独特の拝礼の所作で、通常この所作を二度繰り返す。

八度拝が終わると、また神楽歌が聞こえてきた。神様に二献目をお供えする曲だ。これが三度まで繰り返される。

神事を終え、祭主以下、石階を降り、斎館へ向かうのを見守りながら、これで一年の神事を無事終え、新しい年を迎えるのだということをあらためて思う。神宮では神嘗祭は稲の収穫を終え、新年を迎える正月だと捉えられており、稲作を生活サイクルの中心に置いた昔からの日本人の考え方を今も引き継いでいる。

幣帛《へいはく》と御神楽

神嘗祭では続いて、天皇家から派遣された勅使が参加して、大神に幣帛をお供えする奉幣《ほうへい》の儀が行われる。外宮は一六日、内宮は一七日、いずれも由貴大御饌の翌昼となる。修祓を行い、内院に参入する。御正殿の御扉を開け、幣帛をお供えする。御正殿の御扉を開けるのは、遷宮を別にすればこの時と祈年祭、新嘗祭《にいなめさい》のみだ。

続いて、大神に御神楽を奉納する、御神楽の儀が行われる。神職と楽師の列が御正宮に参入し、四丈殿《よじょうでん》において、御神楽の調べを奏で、神嘗祭の神事は全てを終える。

神嘗祭　御神楽の儀　参進する楽師（外宮）

神嘗祭　奉幣の儀　参進の始まりを告げる

神嘗祭　奉幣の儀　鳥居前の修祓

神嘗祭　奉幣の儀　天皇家からの幣帛を納めた辛櫃

神嘗祭　奉幣の儀を終えて、瑞垣御門から退出する祭主　昭和59年（1984）

四回立ち、八回拍手を打つ神宮独特の八度拝

第四章

式《しき》年《ねん》遷《せん》宮《ぐう》

写真：外宮　川原大祓　平成25年（2013）

神宮の式年遷宮を一言でいうと二〇年に一度、神様の住む社《やしろ》を建て替え、お引越しをする神事だと説明出来るかもしれない。

そのために山の神に祈り、木を伐《き》り、運び、地の神に祈り、柱を建て、萱《かや》を葺《ふ》き、完成した暁には感謝の祈りを捧《ささ》げ、御魂《みたま》を遷《うつ》し、新穀を捧げる。それらのプロセスが全て神事となり、その総体が式年遷宮神事と呼ばれている。

神事は御料木を伐る山口で行われる山口祭《やまぐちさい》を皮切りに八年間にわたって行われ、そのクライマックスは、ご神体を古い宮から新しい宮へ遷す遷御《せんぎょ》の儀である。ここで注目したいのは、神宮の遷宮は出雲《いずも》大社など他の神社と違い、隣の敷地に全く新しいお宮を建て、そちらに神様が引越されるということだ。ちなみに出雲大社では、建物は補修されこそすれ、全てが新しくなるわけではない。

そのため、神宮のお宮は二〇年毎《ごと》に鎮座の位置が東と西を行き来する。私が撮影を始めた昭和五九年（一九八四）当時の本殿は西の御敷地《みしきち》だったが、平成五年（一九九三）に遷御してからは東にところを変えている。三〇年間、神宮の撮影を続けている私は、東西両方の神宮の遷宮

外宮　後鎮祭　平成25年（2013）

神事を取材したことになる。ここでは、今回の遷宮神事のみならず、前回の神事も合わせて紹介する。

ところで、遷宮で新しくするのは御正宮《ごしょうぐう》や別宮《べつくう》や摂末社《せつまつしゃ》、宇治橋《うじばし》などだけではない、千数百点にものぼる御装束《おんしょうぞく》、神宝《しんぽう》も全て新調して新宮へ遷す、他の国に類を見ないたいへん大がかりな神事だ。

式年遷宮が始まったのは持統《じとう》天皇四年（六九〇）だといわれ、一三〇〇年の歴史がある。遷宮神事を取材していると、古代の神話の世界にタイムスリップしたような不思議な感覚を覚えることがある。それだけでも非常に興味深いのだが、そこには大切な神宮の精神、思想とでもいうものが込められているように思える。

山口祭

初めて遷宮神事を取材したのは前回、第六一回式年遷宮の始まりを告げる、昭和六〇年（一九八五）五月二日の山口祭だった。遷宮の御用材を実際に伐り出す御杣山《みそまやま》は木曾山《きそやま》だが、鎌倉時代までは内宮《ないくう》は神路山《かみじやま》と島路山《しまじやま》、外宮《げくう》は高倉山《たかくらやま》だった。神宮では伝統に従い、神路山と高倉山の麓《ふもと》で祭事は行われる。

山口祭は、これから御用材とする木を伐る山に入るにあたり、山の口に坐《ま》す神を祀り、安全を祈る祭りだ。神職らの白い装束に浅沓《あさぐつ》という出で立ちは年中の恒例式と同じだが、五色の幣を掲げ、青い素襖《すおう》と烏帽子《えぼし》に明衣《みょうえ》を身に纏《まと》った小工《こだくみ》らとともに、物忌を務める八歳の男子も半尻という緑の装束に身を包み、参進していた。物忌は、神職と同様、前の日から斎館《さいかん》に籠《こも》ってこの日に備えている。こういった姿は、恒例式（年中祭事）ではないことで、見ている側にと

外宮　山口祭　昭和60年（1985）

っても、これから遷宮の特別な神事が行われるという気持ちが高まっていく。

忌火屋殿《いみびやでん》での祓《はら》いを終えると、内宮の五丈殿で饗膳の儀が行われ、幼い物忌も参加して、直会《なおらい》の儀式が持たれる。

その後、神路山の麓にある祭場に移動して、山口祭が始まる。祭場には、五色の幣が風になびき、新緑に映えて美しい。鯛《たい》や伊勢海老《えび》などの豪華な神饌《しんせん》の傍《かたわ》らには、籠《かご》に入った白鶏も供えられている。

祭りでは、祝詞《のりと》があげられ、物忌が忌鍬《いみくわ》、忌鎌《いみかま》などで草木を刈るなどの所作をする「刈り初めの儀」が行われた。

山口祭が終わると、同日の夜、木本祭《このもとさい》が行われる。これは、新宮の床下に奉建する

山口祭　饗膳をいただく物忌と神職　昭和60年（1985）

山口祭　饗膳の献立　昭和60年（1985）

内宮の山口祭　昭和60年（1985）

外宮の御船代祭（みふなしろさい）　御樋代を納める「御船代」を伐採する祭り　昭和60年（1985）

神宮の秘中の秘といわれる心御柱《しんのみはしら》となる御料木を伐採するにあたり、木の基に坐す神にお祈りを捧げるというものだ。儀式は山口祭と同じような手順で忌火屋殿前でお祓いが行われた。どの山のどの祭場で神事が行われたかなどは、一切公開されなかった。ただ明らかにされたのは、やはり物忌の童子が同様に忌斧《いみおの》で御料木伐採の儀を行ったということだけだった。そして、伐採された御用材は、新宮の建築が始まるまで、内宮では御稲御倉《みしねのみくら》に、外宮では外幣殿《げへいでん》に保管された。

この日、山口祭と、秘儀木本祭が無事終わると、八年間にわたる遷宮神事が厳かにその始まりを告げた。

御樋代木奉曳式《みひしろぎほうえいしき》と御木曳行事《おきひきぎょうじ》

山口祭からおよそ一か月後の六月九日、御樋代木奉曳式が行われた。御樋代木とは、ご神体を納める御樋代のための御用材をいう。木曾の山中から伐り出された御神木は、古くは海を曳《ひ》

内宮　御木曳　五十鈴川で御神木を曳く　昭和61年（1986）

御樋代木奉曳式で五丈殿に納められた御神木　昭和60年（1985）

御樋代木奉曳式　五十鈴川でご神体を納める御樋代用の御神木を曳く
昭和60年（1985）

外宮の御木曳　こちらは御神木を伊勢の街中で曳く陸曳　昭和61年（1986）

き、五十鈴川《いすずがわ》を遡上《そじょう》して神宮に納められていたが、近年は、伊勢まで陸路で輸送するようになり、奉搬ルートとなる岐阜、愛知、三重の沿道の各地では出迎えのお祭りが繰り広げられた。伊勢に到着した御神木は、内宮の場合は、五十鈴川を曳く川曳《かわびき》で、外宮は町の中を通る陸曳《おかびき》でそれぞれのお宮へ運ぶ。御樋代木奉曳式はもともと御木曳のような地元民と一体となった行事ではなく、神宮直轄の行事なので、その出で立ちも揃《そろ》いの菅笠《すげがさ》と黒い法被《はっぴ》という、御木曳の開放的な祭りの服装とは違ったものだ。

重さ二トンにも及ぼうかという御神木は、そうした約一〇〇人の曳き手により、掛け声も勇ましく川の中を曳かれていった。御樋代木奉曳式では、御木曳のように宇治橋のたもとではなく、五十鈴川の奥深く、風日祈宮橋《かざひのみのみやはし》まで御神木を曳く。出迎えに来た神職らが見守る中、風日祈宮橋のたもとで引き揚げられた。この後、御神木はお祓いを受け、内宮の五丈殿に安置される。

御樋代木奉曳式の翌年、今度は伊勢の旧神領民による御木曳が行われた。木曾から運び込まれた新宮造営のための檜《ひのき》が、内宮では五十鈴川から曳く川曳で、外宮では宮川《みやがわ》から「水上げ」して旧伊勢街道を御木曳車で曳く、陸曳で行われた。

御木曳行事は、遷宮のお祭りの中で、御白石持《おしらいしもち》行事と並び一般市民が参加出来る数少ないお祭りで、「木遣《きや》り歌」を高らかに唄いながら進む市民の表情は喜びに溢《あふ》れていた。この年の御木曳には延べ二〇万人以上の人々が奉仕した。御木曳が始まると、伊勢の市民も遷宮が始まったことを実感するのだろう、町はたいへんな盛り上がりを見せる。

宇治橋渡始式《うじばしわたりはじめしき》

平成二一年（二〇〇九）一一月、新しい宇治橋には白い布がかけられ、その隣には一回り小さい仮橋が設けられていた。いよいよこれから式年遷宮の大きな神事の一つ、造替になった新しい宇治橋を初めて渡る儀式、宇治橋渡始式が始まろうとしていた。

第一章でも触れたとおり、宇治橋そのものの歴史は鎌倉時代まで遡《さかのぼ》るが、遷宮神事として架け替えが始まったのは明治のことだ。それまでは洪水により流失した場合を別にすれば、修理だけしか行ってこなかった。新たに作られた宇治橋は、長さ約一〇一・八メートル、幅八・四メートル、擬宝珠《ぎぼし》が一六基あり、高欄《こうらん》には釘を一本も使わず、橋板張りには船大工の技術を

宇治橋渡始式　平成21年（2009）

宇治橋渡始式　写真の先頭を行くのは渡女　平成21年（2009）

用いるなど、木造橋を造る伝統技術を尽くしているといわれる。

式当日になると、宇治橋を覆う、白い布が取られた。真新しい檜の木肌が日の光を浴びて、眩《まぶ》しいほどだ。渡始式は、まず饗土《あえど》橋姫神社《はしひめじんじゃ》で安全祈願をした万度麻《まんどぬさ》を宇治橋の西側から二番目にある、宇治橋で最も古い擬宝珠の中に納めてから始まる。渡始式の先頭を行くのは、頭から白い被衣《かずき》をかぶった赤い袴《はかま》姿の渡女《わたりめ》。伊勢市在住の八三歳の女性だ。全国から選ばれた、三世代揃った故事に倣い、三世代揃った夫婦が五八組三四八名、関係参列者を入れると総勢約一〇〇〇名が渡り始めを行った。

渡始式が終わると、一般の人々も渡ることが出来る。順番を待つ長い列に私も並んだ。これまで宇治橋といえば、毎年五〇〇万近い人が訪れ、その足形が宇治橋の表面に刻み込まれているようなイメージしかなかったので、真新しい檜を踏みしめながら歩くのはまた格別な気分だった。これから神宮に入っていく、その入口で清々《すがすが》しい英気のようなものが、真新しい宇治橋を渡ることにより、満ちてくるような気がする。全てを新しく清々しくするという、遷宮のありがたみというものが身をもって感じられる思いがした。

御白石持行事

平成二五年（二〇一三）七月二六日。

白布に包んだ御白石を大事そうに抱えた母子が、新宮の御敷地に入ると、緊張した面持ちでしゃがみ、母親はこぶし大の御白石を取り出し、小学生の娘に渡した。娘は御正殿《ごしょうでん》のたもとにその石をそっと置き、手を合わせた。視線の先には普段は決して見ることの出来ない真新しい御正殿の姿があった。母親は娘に向かって、「次に御正殿を見ることが出来るのは二〇年後よ、しっかり見ておきなさい」と話しかけ、娘はうれしそうにうなずいている。

遷御の儀を二か月後に控え、伊勢の町で御白石持行事が始まった。この行事は宮川の河原《かわら》で集めた玉石を旧神領民の一人ひとりが持ち寄り、新宮の新御敷地に敷き詰める。御白石持は御木曳と並び市民が参加出来る数少ない遷宮行事だ。内宮に奉仕する御白石は、地域毎《ごと》に奉献団の手により五十鈴川を曳かれ、宇治橋のたもとで水から揚げられる。宮域に入ったところで樽《たる》

内宮の御白石持行事では、川曳で御白石を運ぶ　平成25年（2013）

外宮の御白石持行事　陸曳
伊勢の市民と神宮が一体となって行われる　平成25年(2013)

御白石持行事　内宮参道で御白石を祓う　平成25年（2013）

外宮の御白石持行事　新御敷地に旧神領民の手で御白石が敷かれる
平成25年（2013）

御白石持行事

に入った御白石とともにお祓いを受け、それぞれが石を一つずつ持参して、遷御前の新宮へ向かう。普段は決して中に入ることの出来ない新御敷地に入り、造営されたばかりの御正殿を間近に見ながら、御白石を奉納していく。

　神宮の御敷地には第一章で述べたように白石と黒石二種類の石があるのだが、このうち白石だけは遷宮毎に交換していく。

　御白石持行事の起源は明らかではない。文献での初出は第四〇回式年遷宮の記録である寛正三年（一四六二）（『造内宮記』）があり、室町時代にはすでに御白石を御敷地に敷き詰めていた。

　御白石持行事は約一か月かけて行われ、内宮では川曳、外宮では陸曳されて神宮に奉納され、その参加者は市外からの特別神領民まで含めると二三万人に上った。御白石持行事が始まると、いよいよ遷御の儀が間近であることが体感出来、伊勢の町は盛り上がっていく。

川原大祓《かわらおおはらい》

平成二五年（二〇一三）一〇月一日。

遷御の儀を翌日に控えた神宮では、小雨の降る中、池田厚子祭主をはじめ大宮司以下の神職が五十鈴川ほとりの川原祓所へ参進した。川原祓所は、五十鈴川右岸の御手洗場《みたらし》の南側にあり、遷宮神事でのみ使用される特別な祓所だ。ここで遷御の儀の際にご神体を納めて新宮まで運ぶ仮御樋代《かりみひしろ》、仮御船代《かりみふなしろ》をはじめ、遷御の儀の際、ご神体を覆う絹垣《きんがい》と呼ばれる絹のベールなどの奉遷用具、御装束や神宝とともに、遷御の儀に参加する神職二〇〇人が清められる「川原大祓」が行われた。

私は前回の川原大祓も取材していたが、素木だった辛櫃《からひつ》が、鮮やかな朱と黒の漆塗りに変わっているのに気付き、驚いた。これは古式に戻すということで、今回から変更されたとのこと。出来るだけ古式を今に伝えていこうという神宮の気持ちが伝わってくるようだ。

内宮　川原大祓　神宝と遷御の儀　奉仕の神職のお祓いが行われる
平成25年（2013）

外宮　川原大祓　神宝を祓い清める　平成25年（2013）

外宮　川原大祓　平成25年（2013）

外宮　川原大祓　辛櫃が古式にのっとり、朱塗りになった　平成25年(2013)

遷御の儀

カケコー、カケコー、カケコー、瑞垣《みずがき》御門下から鶏の鳴き声の真似をした鶏鳴三声《けいめいさんせい》が聞こえてきた。いよいよ出御《しゅつぎょ》だ。平成二五年（二〇一三）一〇月二日、午後八時、神宮、内宮では式年遷宮のクライマックスである、古い宮から新しい宮へご神体を遷す遷御の儀が始まろうとしていた。

遷御の儀は、神宮で浄闇と呼ばれる神聖な闇の中で行われる。天の岩戸伝説に基づくといわれる鶏鳴三声は、岩戸にお隠れになった天照大神が、鶏の鳴き声を聞いて、岩戸から顔を出されたという故事をなぞる。

やがて絹垣に包まれたご神体とともに、臨時祭主の黒田清子《さやこ》様、鷹司尚武《たかつかさなおたけ》大宮司ら神職約一五〇人が束帯や衣冠など古式の装束に身を包んでゆっくりと石階《せっかい》を降りてきた。階段を降りて、遷御のために特設された屋根「雨儀廊《うぎろう》」の下を新宮へ向かう一行。浄闇と静

外宮　川原大祓　臨時祭主の黒田清子様　平成25年（2013）

内宮　遷御の儀の翌朝　大御饌の儀で神饌と神職を祓う　平成25年（2013）

外宮　遷御の儀の翌日　奉幣の儀で太玉串を受ける池田厚子祭主　平成25年（2013）

内宮　遷宮神事　御神楽の儀で神楽殿前に整列する楽師　平成25年（2013）

外宮　遷宮神事　奉幣の儀　参進する勅使、池田厚子祭主と奉仕の神職
平成25年（2013）

外宮　遷御の儀　ご神体は絹垣に囲われている　平成25年（2013）

内宮　遷御の儀　入御　絹垣に覆われたご神体を囲み神職が新宮の石階を上る　平成25年（2013）

粛に包まれた神域に、楽師が奏でる神楽歌《かぐら》・和琴《わごん》・篳篥《ひちりき》・笛の音が響き渡る。
行列には御太刀をはじめとする様々な神宝を納めた辛櫃も続く。
闇の中、灯《あか》りらしい灯りといえばわずかに前陣と後陣の松明のみだ。真っ白な絹垣がほのかに動き、前へ進んでいるのが辛うじて見える。絹垣の中は「仮御樋代と仮御船代」に二重に納められたご神体「八咫鏡《やたのかがみ》」だといわれているが、その姿はもちろん見ることは出来ない。
絹垣に囲まれ、行障《こうじょう》で正面を覆ったご神体に、神職が付き添うように進むその様子は、一説によれば、天孫降臨の様子を再現したものではないかともいわれ、見ている方も、悠

遷御の儀　退下

久の昔へ誘われて行く。

ゆっくりと進む行列は新御正殿の前まで進むと、石階を上り始めた。新宮への入御《じゅぎょ》である。

新御正殿にご神体と神宝が納められると、御扉は閉じられ、勅使が御祭文を読み上げ、神職一同が拝礼をして遷御の儀が終了した。

終章

遷御《せんぎょ》の儀を終えて

写真：伊勢の空

平成二五年（二〇一三）の第六二回遷宮《せんぐう》、二度目に経験した内宮遷御《ないくうせんぎょ》の儀は、今でもまざまざと覚えている。

辺りに鹿の鳴き声が響き渡るのと時を同じくして、神宮内院では、鶏鳴三声《けいめいさんせい》が告げられ、遷御の儀が始まった。しかしその姿は、松明《しょうみょう》から離れると、肉眼では確認出来ないほど暗かった。

ファインダー越しにはご神体の姿どころか、絹垣《きんがい》すらも見えない。

私は勘を頼りにシャッターを切り続けた。肉眼では見えない絹垣も行列も、液晶画面には微《かす》かに写り込んでいた。

もはや肉眼で追うことをあきらめ、感じることに集中し、シャッターを切ることにした。儀式が闇の中で行われるのには、理由がある。見ることよりも、五感を研ぎ澄まして、感じることが重要なのだ。

不思議なことに参道には生暖かい風が吹いていた。一〇月とはいえ、気温は高く、日中は汗ばむほどの陽気だったが、遷御の始まる午後一〇時ころになると、森に囲まれた神域にいるこ

遷御の儀　西から東へ遷御　平成5年（1993）

ともあり、さすがに足もとから冷えていた。しかしご神体が出御《しゅつぎょ》されると同時に吹き始めた風は、まるで神様の温かい体温のようだった。誰かがその事を称して後に神風というのは本当にあるのだと呟《つぶや》いた。

闇の中から、灯《あか》りが射し、御正宮前の石段をゆっくりと降りてくる絹垣に包まれたご神体を認めた瞬間、暖かい風とともに、何か、神様が私を温かく包み込んでくれるような、心の安寧を運んでくれたような、不思議な感覚に捉われた。

ゆっくりと渡り屋根の下を通過し、新しいお宮の階段を上り、ご神体が新宮に入御《じゅぎょ》していく。松明に照らされながら、その後を臨時祭主の黒田清子《さやこ》様を始め神職らが続く。

内宮では、特別招待の三〇〇〇人の奉賛会員がその姿を見守っていたが、誰一人として咳《せき》払い一つすることなく、厳粛な神事を見つめていた。

入御が終わったのを見届けて、私は台座の上のカメラから手を放した。

前回の遷御の儀では、巨大なエネルギーが移動していくのを感じることしか出来なかった。

しかし、今回の遷御の儀では、出御と同時に、それまで闇《やみ》に包まれていた世界を照らすかのように現れた大いなる存在、その存在が自分を含め、周りの世界を温かく包み込んでくれた、それを肌で感じることが出来た。

長いながい取材を終え、カメラから離れた私の手は小刻みに震えていた。

おわりに　遷宮《せんぐう》と常若《とこわか》

遷宮では、本文にも触れた通り、建物だけではなく、神宝《しんぽう》、御装束《おんしようぞく》など、全て新調され、その数は七一四種、一五七六点に及ぶ。そのことだけを考えても、遷宮とは単なる神様のお引越しではなく、神宮のコアとなる精神の体現であるということが分かる。

では、なぜ二〇年という短いインターバルで遷宮を行うのか。五〇年や一〇〇年でもいいではないか、という議論もある。

しかし、建築技術の継承、神宝を作るための職人技を伝えていくためには、二〇年というのはぎりぎりの期間だといわれている。ハードとソフトの両面を長期にわたり継承していくために、巧緻《こうち》に計算された二〇年という期間設定なのだ。

そうした建築、調度品における伝統技術の継承ということはもちろん注目すべきことだが、忘れてならないのは、遷宮を通して神宮は私たちに何を伝えようとしているかということだろう。

そのことを考えるとき、神宮の精神のキーワードともいえる「常若《とこわか》」という言葉を思わずにはいられない。常に新しく瑞々《みずみず》しく、木々が芽を吹き、新しく葉をつけるように神殿を新しくしていく、神様は常に常若でなければいけないと伊勢神道は教える。

実際に神宮を訪れてみると、その清々《すがすが》しい佇《たたず》まいに誰もが心を打たれるだろう。ゴミ一つない参道、深い森と清冽《せいれつ》な流れの五十鈴川《いすずがわ》、その五十鈴川の御手洗場《みたらし》で手を清め、鳥の囀《さえず》りを耳にしながら神宮の神域を歩くとまるで森林浴をしているような気分になる。そして遷御《せんぎょ》の儀の後、新宮の真新しい檜《ひのき》の香りに包まれながら、手を合わせると、心の底から清々しい気持ちになる。ここでお宮だけが苔《こけ》むして、古めかしい姿だったらどんな風に感じることだろう。

本書では、遷宮だけではなく、神宮の日々の営みについても詳しく書いた。遷御の儀ばかりがクローズアップされがちだが、神宮の年中行事で一番重要なのは、農耕民族共通でもある新穀を神に捧《ささ》げ、感謝を伝える収穫祭にあたる神嘗祭《かんなめさい》だ。かつては遷御の儀は神嘗祭と同時に行われ大神嘗祭とも呼ばれていた。

遷御の儀というのは、神が一度、深夜に死に、蘇《よみがえ》るという西洋の太陽神と共通する死と再生の儀式ではないか、とかつて私は書いたことがある。実際にそういう学説を唱える専門家も少なくない。しかし、それを読んだ神宮の広報室長、河合真如禰宜《ねぎ》から、平成二一年（二〇〇九）の宇治橋渡始式《うじばしわたりはじめしき》の際に、「石川さん、神が死ぬなんてことはありません」と強く注意されたことがある。河合氏は私が神宮の取材を始めたころからの広報室の神職だ。三〇年近くもお付き合いのある方の強い言葉に驚いた。

しかし、こうして長い間、神宮に通っているとその言葉の意味がよく分かる。神宮では神が死ぬことなどありえない。常に神事を繰り返し、永遠に神殿を更新していく。神宮の営みは、まさに日々の恵みに感謝し、生かされていることを再確認する行為であり、死と対極にあるものだ。そのことを日本人は一三〇〇年にわたり今まで継承してきた。

「石川さん、日本人は、神様によって生かされていることを震災によってあらためて教えられたのですよ」と河合さんは言う。

その話を聞いて、私は目が覚める思いだった。こんなに長い間、神宮を取材してきていながら、東日本大震災取材の現場でなぜそのことに気付かなかっただろう。震災取材では、それまで当たり前だと思っていたこと。住む家があり、家族がいて、仕事があって、食べるご飯がある。そのことが実は当たり前ではないということを、知らしめられた。

今、日本は止《とど》まるところのない競争により経済至上主義で突っ走って、果たして本当に人間は幸せになれるのだろうかと人々は疑い始めている。人は自然の前に傲慢《ごうまん》であってはならない。

それも言葉だけの議論ではなく、人々は、差し迫った現実的な選択を迫られている。

常若という言葉が語りかけてくることは、私が考えていたよりも、遥《はる》かに深く、普遍的だった。二〇〇〇年という歴史の中で培われてきた精神の重み、それは私たちの現実生活とも深くつながっている。そのことを、遷御の儀を間近に見ながら、あらためて深く心に刻み込んだ。

振り返ればこれまで言葉に尽くせないほど神宮にはお世話になっている。私は神宮を出発点として、祈りをテーマに世界で写真を撮り続けることになったが、常に自分の考え方の礎に神宮での経験があったと思う。今回、こうして神宮に戻ってきて、二度目の遷宮を取材出来たことは、人にも、神様にも、感謝の気持ちでいっぱいだ。

三〇年前、伊勢《いせ》新聞で神宮の連載をしていた当時は、写真を撮る傍《かたわ》ら伊勢市の神宮文庫に毎日のように通いながら、神宮の知恵袋と呼ばれた中西正幸氏（現國學院大學教授）に、神宮の歴史、故事、儀式の意味などについて教えていただいた。当時の広報課長天野憲一氏、安達直方氏、今回遷宮の新宮の撮影でお世話になった吉川竜実広報課長、遷宮神事の取材でお世話になった河合真如広報室長、本当にありがとうございました。最後にこの企画を実現してくださった集英社新書の椛島良介氏、拙文にお付き合いいただいた担当の伊藤直樹氏に感謝の気持ちを述べてこの本の末とします。

石川　梵

解説　永遠の祈り――式年遷宮の意義――

河合真如

神宮の祭りは、日本人の生活文化そのものである。春に豊作を祈り、秋の稔《みの》りに感謝するという祭りを続けているからである。

みどり豊かな神路山《かみじやま》に雨が降り、五十鈴川《いすずがわ》の清流となる。流域には神田や御園《みその》があり、日々の御供え物（神饌《しんせん》）となる、米や野菜・果物が育てられている。

山の栄養と海水が混じる河口では、ミネラルを含む良い塩が出来る。さらに水は、太陽の光を浴びて蒸発。雲となり、雨となり、再び山を潤《うるお》す。

永遠の自然循環のなかで神宮は、稲作を中心とする祭りの日々を重ねてきた。稲は命の根（イノチノネ）。

稲は狭い田であっても収穫量は多く、炭水化物・蛋白質・鉄分・カルシウム・ビタミンなど栄養素も豊富である。

主食となる米を作る田には、水が必要である。そのため森林が大切にされ、河川が守られてきたのである。

森は細菌を死滅させ、心身を癒す効果をもつ、フィトンチッドの宝庫でもある。森に神を祀《まつ》り大切にしてきたのは、こうした神秘を祖先たちが体得していたことによる。

稲作の源をたどれば、神話につながる。高天原《たかまがはら》の最高神である、天照大神《あまてらすおおみかみ》が稲穂を与えてくださったのである。

天上の神話のままに神業《かみわざ》をつづける神宮では、御神酒《おみき》を造る御酒殿《みさかどの》もある。百薬の長ともいわれる酒と共に神事や生命維持にも不可欠な塩は、二見浦《ふたみがうら》にある御塩殿《みしおどの》神社付近の施設で作られている。

食物ばかりではなく神宮では、絹や麻を織る祭りも続けられている。布もまた生命を守るためのものである。

服を着るのは、寒さや怪我から身を保護するためである。「たまげる」とは、驚くことをいうが本来は、「魂消《たまぎ》える」こと。魂が消えないように心身を布で包む必要があったのである。

神宮では、年間で一五〇〇回を数える祭りが行われている。そのなかでも一番の重儀《じゅうぎ》は、一〇月の神嘗祭《かんなめさい》。

神宮神田で稔った稲穂を神々に捧げる神嘗祭では、祭器具類も一新される。瑞々《みずみず》しい初穂《はつほ》と真新しい祭器。伊勢の秋が神嘗正月といわれる所以《ゆえん》である。

日々の祭りの集大成である毎年の神嘗祭。その神嘗祭を大きくしたものが、大神嘗祭ともいわれる二〇年に一度の式年遷宮《しきねんせんぐう》である。

式年とは、定められた年限。遷宮とは、宮を遷《うつ》すことを意味する。神宮では、二〇年に一度、神殿を新しくして感謝の心を表してきたのである。

なぜ、二〇年に一度かということについては、様々な説が伝えられている。代表的な説としては、

尊厳保持説

常に清々《すがすが》しい姿を維持するために、二〇年を限度として建て替えることで尊厳を保持するという説。

世代技術伝承説

宮大工などが二〇代で入門、四〇代で一人前になり、六〇代で指導者になるところから、技術を次世代に継承するために、最も適当な区切りであるという説。

貯蔵年限説

古代の倉庫令に「糒《ほしい》は廿《にじゅう》年《ねん》を支えよ」とあり、税であった稲の貯蔵年限である二〇年が

遷宮斎行の経済的根拠となったという説。

現在、世代技術伝承説は、説得力をもって広まっているが、これは今日の平均寿命によるもので、式年遷宮が始まった一三〇〇年前に当てはまらない。

着目すべきは、神宮の小堀邦夫禰宜《ねぎ》の貯蔵年限説（倉庫令説）である。貨幣経済が確立されるまで稲は、国家の税《ちから》（ぜい）であった。神殿を造替するにしても税が必要であり、糒（乾燥米）の貯蔵年限が式年造替《ぞうたい》の根拠となったという説は、式年二〇年の意味を解き示すものといえよう。

瑞穂《みずほ》の国は、まさに稲作によって発展してきた。年《とし》や歳《とし》も稲《とし》といわれる稲の耕作周期を意味する言葉。

鏡餅《かがみもち》も歳神《としがみ》様に宿ってもらうためのもの。その歳神の魂が宿る餅を分かち合い、食することによって、瑞々しい生命力をいただく風習が、今日の御年玉《おとしだま》のルーツである。

年々歳々、稲を作り続けることが、我が国の永遠を約束する道であった。天皇陛下《へいか》は今も水田に立たれ、御初穂を神嘗祭に奉られておられる。

宮中・神宮・そして多くの神々の社にならい、稲作と共に生命を親から子へと連鎖させてきたところに、今の日本が存在するのである。

神宮の神殿の原形も稲や穀類を保存するための高床式倉庫である。高床は水害を防ぐ。板壁は雨が降れば膨張して湿気から穀物を守り、乾燥すれば水分を排出する。いわば天然のエアコンディショナーである。

その倉庫が神を祀る神殿となったのである。ドイツの建築家ブルーノ・タウトは、「神宮の建築は、ギリシャのパルテノンに比すべき、すばらしいものである。天から降ってきたようなこの建物は、日本文化の精髄であり、世界建築の王座」と称えている。

機能と美をもつ神殿のように、祭りは日本文化の源であり、神々に良いものを捧げたいという心が、技術の向上につながったのである。工夫の「工」は、天を表す「一」と、地を示す「一」から成る。その間に立つ「｜」は、人のもつ道具を意味する。

生命に関わる布を織る機《はた》にも様々な工夫がなされてきた。機織もまた天上で天照大神が行われていた神話につながる神業の一つ。

皇后陛下がなされる養蚕《ようさん》も神話につながる。遷宮においても御装束神宝《おんしょうぞくしんぽう》が新調され、織物や機織具も神々に奉られる。

殿内を奉飾する装束のなかには、皇后陛下から御献進の繭《まゆ》「小石丸《こいしまる》」によって奉織された御《み》被《ふすま》も含まれている。

天照大神の御神体は御鏡《みかがみ》である。現実の姿を投影させる鏡は、正直の象徴として神聖視されており、神宝としても奉製されてきた。

神殿がそうであるように、御装束神宝もまた、古式を保ちながら二〇年に一度、新たな光を放つのである。

堅牢な石のパルテノン神殿が時の流れのなかで廃墟となった今も、神宮は繰り返される祭りによって常に若々しく存在し続ける。森を守りながら衣食住に関わる祭りを継続してきた神宮は、永遠を確立する文明のモデルといっても良い。

神宮の祭りは、日々年々、祈りを込めて実践し、その成果に感謝する心の表れに他ならない。その極みが、式年の大祭なのである。

平成二五年（二〇一三）一〇月には、古殿から新殿へと神々をお遷しする遷御《せんぎょ》が浄闇《じょうあん》のなかで行われた。その時、森に風が起こり、行列と共に進んだ。神風である。

写真家・石川梵は、その場にいた。必然であろう。名は体を表すという。梵とは、そのまま「木に吹く風の音」を意味する。

過去と未来。時空をつなぐ森の風のように本書は、古い写真と新しい写真で編まれているが、それは永遠に変わらぬ世界の存在を証言するものである。

神宝　御高機

神宝　御鏡　附　轆轤筥（ろくろばこ）

式年遷宮では建物だけではなく、御装束神宝も全て新しく調製される。その数、衣服や調度品を合わせると714種1576点にも及ぶ。平安時代の『儀式帳』の規定に沿い、時代を超えて、その技術とともに現代に受け継がれている　写真提供／神宮司庁

伊勢神宮年中行事

一月一日　**歳旦祭**《さいたんさい》　新年のはじめを祝う。

一月三日　**元始祭**《げんしさい》　皇統の元始（はじめ）をお祝いする。

一月七日　**昭和天皇祭遥拝**《しょうわてんのうさいようはい》　昭和天皇が崩御された日、皇居での祭典に合わせ、神宮でも遥拝式を行う。

一月八日　**大麻暦奉製始祭**《たいまれきほうせいはじめさい》　神宮大麻（お札）と暦の奉製始めのお祭り。

一月一一日　**一月十一日**《いちがつじゅういちにち》**御饌**《みけ》　神宮の両御正宮をはじめ、諸宮社にお祀りする全ての神々に、内宮《ないくう》四丈殿《よじょうでん》にて神饌《しんせん》を奉る。続いて五丈殿で舞楽が奉奏される。

二月一一日　**建国記念祭**《けんこくきねんさい》　神武天皇即位に由来し、国のはじめをお祝いし、今後の発展をお祈りする。

二月一七日～二月二三日まで　**祈年祭**《きねんさい》　「としごいのまつり」とも称され、神饌を奉り五穀豊穣《ほうじょう》をお祈りする大御饌の儀と、勅使が参向して奉仕される奉幣《ほうへい》の儀が行われる。

三月五日　**大麻暦頒布終了祭**《たいまれきはんぷしゅうりょうさい》　崇敬者に頒布する大麻と暦の頒布終了を奉告するお祭り。

三月春分の日　**春季皇霊祭遥拝**《しゅんきこうれいさいようはい》　皇居で皇祖皇宗をお祀りするにあたって、神宮でも遥拝式を行う。

三月春分の日　**御園祭**《みそのさい》　神嘗祭《かんなめさい》付属のお祭りで、野菜、果物などの豊作をお祈りする。

四月上旬　**神田下種祭**《しんでんげしゅさい》　神嘗祭付属のお祭りで、神嘗祭をはじめ諸祭典にお供えする御料米の稲種を神田にはじめておろし奉るお祭り。

四月三日　**神武天皇祭遥拝**《じんむてんのうさいようはい》　神武天皇の崩御された日、皇居でご親祭が行われるに際し、神宮でも遥拝式を行う。

四月中旬　**大麻用材伐始祭**《たいまようざいきりはじめさい》　大麻の御用材を伐りはじめるにあたり、内宮宇治橋《うじばし》の向かい側の山上にある丸山祭場にて、神饌を奉りお祭りを行う。

五月一日　**神御衣奉織始祭**《かんみそほうしょくはじめさい》　神御衣祭付属のお祭り。皇大神宮および荒祭宮《あらまつりのみや》御料の和妙、荒妙《あらたえ》を奉織するに際して行われる。

五月一三日　**神御衣奉織鎮謝祭**《かんみそほうしょくちんしゃさい》　神御衣の和妙、荒妙の美わしく織り上がったことを感謝する祭り。

五月一四日　**風日祈祭**《かざひのみさい》　御幣、御蓑《おんみの》、御笠《おんかさ》を奉り、風雨の災害なく、五穀の豊かな稔《みの》りをお祈りする。

五月一四日　**神御衣祭**《かんみそさい》　皇大神宮と荒祭宮に和妙、荒妙の二種の神御衣を奉る。五月は夏の御料、一〇月は冬の御料を奉る。

六月一日　**御酒殿祭**《みさかどのさい》　大次祭の御料酒が、美わしく醸造されるようお祈りするお祭り。

六月一五日　**興玉神祭**《おきたまのかみさい》　月次祭《つきなみさい》奉仕にあたり、内宮御垣内《みかきうち》西北隅にご鎮座の地主の神、興玉神をお祀りする。

六月一五日　**御卜**《みうら》　大祭奉仕の神職が、奉仕直前に神の御心にかなうかどうかを、おうかがいする行事。

六月一五日～二五日まで　**月次祭**《つきなみさい》　由貴大御饌《ゆきのおおみけ》を午後一〇時と翌午前二時の二度お供えし、正午に奉幣の儀が行われる。引き続き別宮《べっくう》以下諸宮社でもお祭りが行われる。

六月三〇日　**大祓**《おおはらい》　大祭の前月末日に、神宮神職、楽師を祓《はら》い清める行事が行われる。六月、一二月の末日には全職員の大祓が行われる。

八月四日　**風日祈祭**《かざひのみさい》　御幣を奉り、風雨の順調、五穀の豊穣をお祈りする。

九月上旬　**抜穂祭**《ぬいぼさい》　神嘗祭付属のお祭りで、神田《しんでん》にて神嘗祭に奉る御料米の御稲穂《おんいなほ》を収穫するお祭り。

九月一七日　**大麻暦頒布始祭**《たいまれきはんぷはじめさい》　全国の崇敬者に来年度の大麻、暦を頒布するに際し、関係者参列のもとに、頒布始めを奉告するお祭り。

九月秋分の日　**秋季皇霊祭遥拝**《しゅうきこうれいさいようはい》　春分の日と同様、遥拝式が行われる。

一〇月一日　**御酒殿祭**《みさかどのさい》　六月の説明と同じ。

一〇月一日　**神御衣奉織始祭**《かんみそほうしょくはじめさい》　神御衣祭付属のお祭りで、五月の説明と同じ。

一〇月五日　**御塩殿祭**《みしおどのさい》　年中の諸祭典にお供えする御塩が、よく奉製されるようにお祈りし、また塩業に従事する人々の守護を合わせてお祈りするお祭り。

一〇月一三日　**神御衣奉織鎮謝祭**《かんみそほうしょくちんしゃさい》　神御衣祭付属のお祭りで、五月の説明と同じ。

一〇月一四日　**神御衣祭**《かんみそさい》　五月の説明と同じ。

一〇月一五日　**興玉神祭**《おきたまのかみさい》　六月の説明と同じ。

一〇月一五日　御卜《みうら》　六月の説明と同じ。

一〇月一五日～二五日　神嘗祭《かんなめさい》　その年の新穀を大御神にお供えし、御神徳に報謝申し上げる最も由緒深いお祭り。

一一月二三日～二九日　新嘗祭《にいなめさい》　皇居で新穀を天皇陛下が神々にお供えし、お召し上がりになる大儀に際して、神宮へは勅使を御差遣されて、奉幣の儀が行われる。また、それに先立ち神饌を奉り大御饌の儀を行う。別宮以下諸宮社でもお祭りが行われる。

一二月一日　御酒殿祭《みさかどのさい》　一二月月次祭付属のお祭りで、六月の説明と同じ。

一二月一五日　興玉神祭《おきたまのかみさい》　六月の説明と同じ。

一二月一五日　御卜《みうら》　六月の説明と同じ。

一二月一五日～二五日　月次祭《つきなみさい》　六月の説明と同じ。

一二月二八日　大麻暦奉製終了祭《たいまれきほうせいしゅうりょうさい》　大麻、暦の奉製の終了を奉告するお祭り。

一二月二三日　天長祭《てんちょうさい》　天皇陛下の御誕生日をお祝い申し上げるお祭り。

一二月三一日　大祓《おおはらい》　六月の大祓と同様、歳末にあたり神職をはじめ全職員を祓い清める。

毎日　日別朝夕大御饌祭《ひごとあさゆうのおおみけさい》　年中、毎日朝夕の二度、外宮の御饌殿で、両御正宮、同相殿神《どうあいどののかみ》および各別宮諸神に御饌をお供えするお祭り。

随時　大麻修祓式《たいましゅはつしき》　奉製されたお札、お守りなどをお祓いする式で、毎週一回ほど行われている。

遷宮行事一覧

山口祭【やまぐちさい】
　遷宮の御造営に際して行われる最初の祭儀。御造営用材を伐採する御杣山（みそまやま）の山口にまします神を祀る。御杣山は時代ごとに変遷があるが、古例のまま皇大神宮（内宮）は神路山、豊受大神宮（外宮）は高倉山で行われる。

木本祭【このもとさい】
　新宮の御床下に奉建する心御柱（しんのみはしら）の御料木を伐採するにあたり、御木の木本にます神を祀る。深夜、両宮域内の山中で行われる秘祭で、奉伐された御料木は新殿完成まで内宮は御稲御倉（みしねのみくら）、外宮は外幣殿（げへいでん）に安置される。

御杣始祭【みそまはじめさい】
　御杣山での伐採開始にあたり、ご神体を納める御樋代（みひしろ）の御料材を伐採する祭儀。皇大神宮と豊受大神宮の御料木が立つ祭場で安全を祈願し、古作法で切り倒す。天皇陛下の御治定により御杣山が定められ、平成一七年（二〇〇五）六月三日に長野県上松町、同五日に岐阜県中津川市加子母で行われた。

御樋代木奉曳式【みひしろぎほうえいしき】
　御杣山で伐採した御樋代の御料木は、各地の沿道で歓迎を受けつつ伊勢まで陸送される。これは御料木を両宮域内に曳き入れる儀式。到着した御料木はそれぞれ五丈殿（ごじょうでん）前に安置される。

御船代祭【みふなしろさい】
　ご神体を奉安する御樋代を納める船形の御船代（みふなしろ）の用材を伐採する祭儀。平成一七年（二〇〇五）九月一七日に皇大神宮、同一九日に豊受大神宮にてそれぞれ斎行された。

御木曳初式【おきひきぞめしき】
　伊勢市内に住む旧神領民によって、御造営の用材を両宮に奉曳する伝統行事「御木曳（おきひき）」の始めに行われる儀式。御正宮や別宮の棟持柱（むなもちばしら）などにあてられる「役木（やくぎ）」という代表的な御用材を、ゆかりの深い特定の町の住民が神域に曳き込み、「役木曳（やくぎひき）」とも称する。平成一八年（二〇〇六）四月一二日に皇大神宮、同一三日に豊受大神宮にて行われた。

木造始祭【こづくりはじめさい】

御造営の工事開始に際し安全を祈る祭儀。五丈殿で饗膳（きょうぜん）の儀を行い、同殿前に安置してある御木曳初式で奉曳された御料木に小工（こだくみ）が忌斧（いみおの）を打ち入れる。平成一八年（二〇〇六）四月二一日に皇大神宮、豊受大神宮で斎行された。

御木曳行事【おきひきぎょうじ】

旧神領にあたる伊勢市内の住民が二か月間にわたって御用材を両宮に曳き入れる行事。旧神領地の町民が総出で、数日前に法被姿で二見浦に浜参宮（はまさんぐう）をして心身を清めた上で行事に臨む。内宮の旧神領民は木橇（きぞり）に御用材を積載して五十鈴川で川曳（かわびき）を行い、外宮の旧神領民は巨大な御木曳車（おきひきぐるま）で陸曳（おかびき）を行い、全国の特別神領民も多数参加する。

仮御樋代木伐採式【かりみひしろぎばっさいしき】

遷御（せんぎょ）のとき、御神体を納める仮御樋代（かりみひしろ）と仮御船代（かりみふなしろ）の御用材を伐採するために木本にまします神を祀り忌斧（いみおの）を入れる儀式。平成一八年（二〇〇六）五月一七日、御杣山に定められている長野県木曾郡上松町で行われた。

鎮地祭【ちんちさい】

新宮（にいみや）を建てる新御敷地（しんみしきち）での最初の祭儀。御造営作業の安全を祈り新宮の大宮地（おおみやどころ）にまします神を祀る。平成二〇年（二〇〇八）四月二五日、皇大神宮と豊受大神宮の新御敷地にて斎行された。

宇治橋渡始式【うじばしわたりはじめしき】

皇大神宮の入口に架かる宇治橋も遷宮の度に架け替えが行われる。大橋の守護神である饗土橋姫神社（あえどはしひめじんじゃ）での祭儀に続き、古式にのっとった渡り始めが行われる。渡女（わたりめ）を先頭に全国から選ばれた三世代揃った夫婦に続いて、全国の関係者や市民などが新橋を渡り祝う。平成二一年（二〇〇九）一一月三日に行われた。

立柱祭【りっちゅうさい】

御正殿の建築の初めに、屋船大神（やふねのおおかみ）を祀り、御柱（みはしら）を立て奉る祭り。素襖烏帽子（すおうえぼし）姿の小工が四組に分かれてそれぞれの御柱の木口を木槌で打ち固め新殿の安泰を祈る。平成二四年（二〇一二）三月四日皇大神宮、同六日豊受大神宮にて斎行された。

御形祭【ごぎょうさい】

御形（ごぎょう）とは御正殿東西の妻の束柱にある装飾の一種で、それを穿（うが）つ祭儀。御形は御鏡形（みかがみがた）とも称し、円形の図様を穿つ秘祭。立柱祭に続き、平成二四年（二〇一二）三月四日皇大神宮、同六日豊受大神宮にて行われた。

上棟祭【じょうとうさい】

御正殿の棟木を上げる祭儀。先ず御正殿が古規通りの位置にあるかを測量する丈量儀（じょうりょうのぎ）があり、続いて大宮司以下が御棟木から伸ばされた綱を引いて棟上げの所作をし、「千歳御棟（せんざいとう）、万歳棟（まんざいとう）、曳々億棟（えいえいおくとう）」の掛け声とともに屋上の小工が御棟木を木槌で打ち固める。平成二四年（二〇一二）三月二六日皇大神宮、同二八日豊受大神宮にて斎行された。

檐付祭【のきつけさい】

新殿の御屋根の萱（かや）を葺（ふ）き始める祭儀。平成二四年（二〇一二）五月二三日皇大神宮、同二五日豊受大神宮にて斎行された。

甍祭【いらかさい】
新殿の御屋根の葺き納めの祭儀で、甍覆（いらかおおい）などの金物を打つ。平成二四年（二〇一二）七月二一日皇大神宮、同二三日豊受大神宮にて行われた。

御白石持行事【おしらいしもちぎょうじ】
完成した御正殿が建つ御敷地（みしきち）に敷く白石を奉献する行事。御木曳行事（おきひきぎょうじ）と同様に、旧神領の住民が浜参宮の後、両宮の御敷地にお白石を奉献する。御木曳行事と同様、地元の旧神領民に加え、全国の特別神領民も参加。

御戸祭【みとさい】
新正殿に御扉を取り付ける祭儀。御扉が付くことは殿外造作の完了を意味する。建物の神である屋船大神を祀り、御扉に御鑰（みかぎ）の穴を穿つ。平成二五年（二〇一三）九月一三日皇大神宮、同一五日豊受大神宮にて行われた。

御船代奉納式【みふなしろほうのうしき】
ご神体の鎮まる御船代を殿内に奉納する。平成二五年（二〇一三）九月一七日皇大神宮、同一九日豊受大神宮にて行われた。

洗清【あらいきよめ】
新御正殿竣功に際し殿内を洗い清める。平成二五年九月二四日皇大神宮、同二六日豊受大神宮にて行われた。

心御柱奉建【しんのみはしらほうけん】
心御柱（しんのみはしら）は御正殿の御床下に建てられる特別な御柱で、忌柱（いみばしら）、天ノ御柱（あめのみはしら）、天ノ御量柱（あめのみはかりのはしら）とも呼ばれる。心御柱の奉建は遷宮諸祭の中でもたいへん重要な深夜の秘事。平成二五年（二〇一三）九月二五日皇大神宮、同二七日豊受大神宮にて行われた。

杵築祭【こつきさい】
新御正殿竣功に際し、御敷地である大宮地（おおみやどころ）を撞（つ）き固める祭儀。祭儀に先立ち、五丈殿（ごじょうでん）で饗膳（きょうぜん）の儀を行い、新御正殿の周りを巡り御柱の根本を古歌を唱えながら白杖で撞き固める。平成二五年（二〇一三）九月二八日皇大神宮、同二九日豊受大神宮にて斎行された。

後鎮祭【ごちんさい】
新御正殿の竣功に際し、大宮地の平安を祈る。平成二五年（二〇一三）一〇月一日皇大神宮、同四日豊受大神宮にて斎行された。

御装束神宝読合【おんしょうぞくしんぽうとくごう】
天皇陛下より大御神に献ぜられる御装束神宝（おんしょうぞくしんぽう）の式目を新宮の四丈殿（よじょうでん）において読み合わせる儀式。御装束は大御神の御召し物や殿内の装飾の御料、神宝は威儀物で遷宮毎に古式通り新調し奉納される。平成二五年（二〇一三）一〇月一日皇大神宮、同四日豊受大神宮にて行われた。

川原大祓【かわらおおはらい】
仮御樋代（かりみひしろ）、仮御船代（かりみふなしろ）や御装束神宝をはじめ、遷御に奉仕する神宮祭主以下の奉仕員を川原祓所（はらいしょ）で祓い清める。平成二五年（二〇一三）一〇月一日皇大神宮、同四日豊受大神宮にて行われた。

御飾【おかざり】
遷御当日、殿内を装飾して遷御の準備をする。平成二五年（二〇一三）一〇月二日皇大神宮、同五日豊受大神宮にて行われた。

遷御【せんぎょ】
大御神が本殿から新殿へとお遷りになる遷宮祭の中核をなす祭儀。一〇〇名を超える奉仕員は、召立（めしたて）にしたがって御装束神宝を手にして整列、天皇陛下の御定めがあった時刻（午後八時）に大御神

（おおみかみ）は大宮司（だいぐうじ）、少宮司（しょうぐうじ）、禰宜（ねぎ）に奉戴されて本殿から出御（しゅつぎょ）され、新御正殿へ入御される。勅使の派遣もある。平成二五年（二〇一三）二月二五日に天皇陛下の御治定を賜り、一〇月二日皇大神宮、五日豊受大神宮にて斎行された。

大御饌【おおみけ】

遷御翌日の早朝、新御正殿において初めて大御神に大御饌（おおみけ）といわれる神饌を奉る。平成二五年（二〇一三）一〇月三日皇大神宮、同六日豊受大神宮にて行われた。

奉幣【ほうへい】

天皇陛下から奉られる幣帛（へいはく）を奉納する祭儀。平成二五年（二〇一三）一〇月三日皇大神宮、同六日豊受大神宮にて斎行された。

古物渡【こもつわたし】

古殿内の神宝類を新殿の西宝殿（さいほうでん）に移す儀式。平成二五年（二〇一三）一〇月三日皇大神宮、同六日豊受大神宮にて行われた。

御神楽御饌【みかぐらみけ】

御神楽（みかぐら）を行うに先立ち大御饌といわれる神饌を奉る。平成二五年（二〇一三）一〇月三日皇大神宮、同六日豊受大神宮にて行われた。

御神楽【みかぐら】

天皇陛下は遷御の後、神宮に宮中の楽師を差し遣わされ御神楽および秘曲をご奉納になる。勅使、神宮、祭主以下が四丈殿内の座に着き、庭燎（ていりょう）の灯りの中、深夜まで御神楽が奏でられる。平成二五年（二〇一三）一〇月三日皇大神宮、同六日豊受大神宮にて行われた。

＊伊勢神宮式年遷宮広報本部公式ウェブサイトを参照し作成しました。

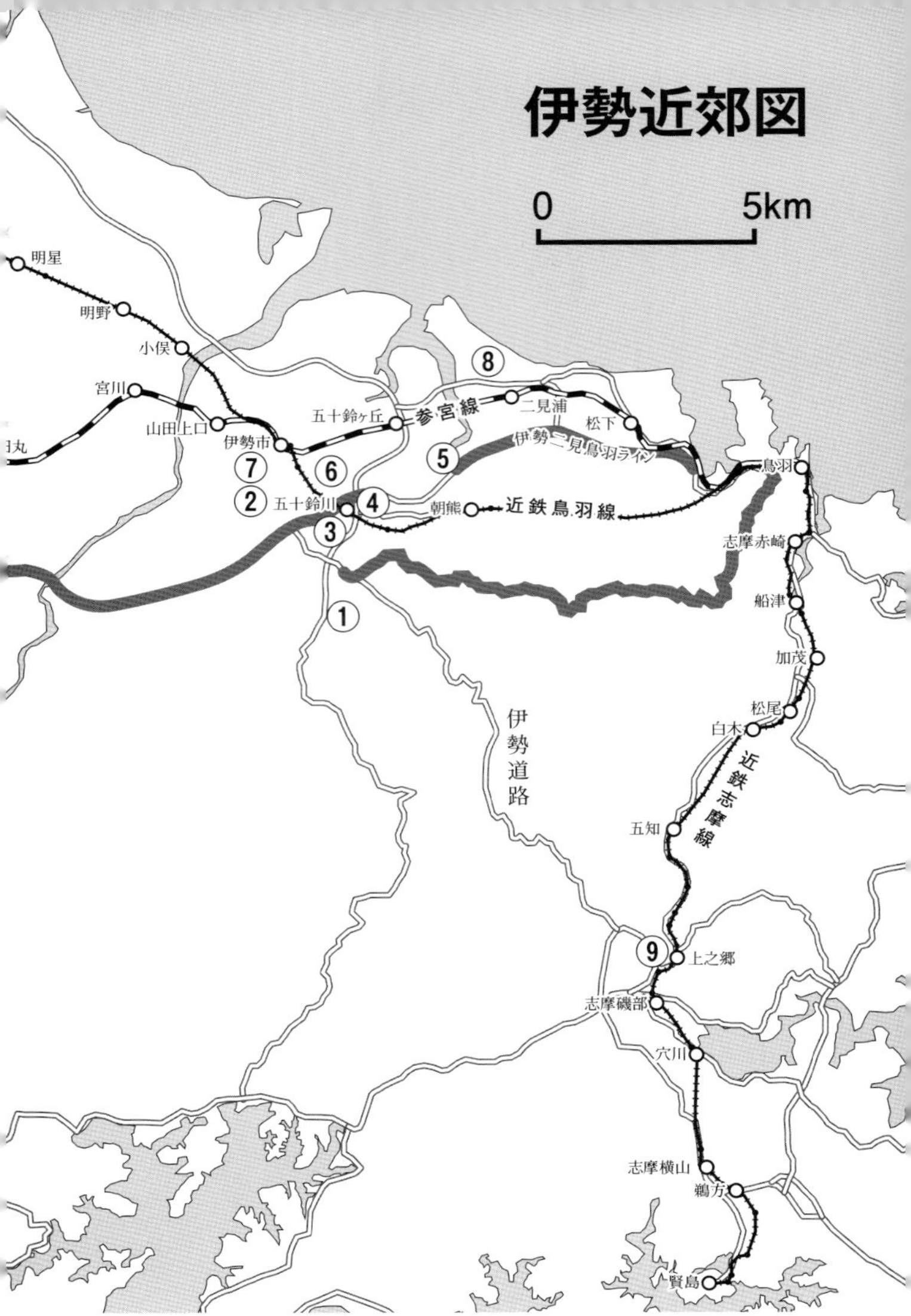
伊勢近郊図
0
5km
明星
明野
小俣
宮川
山田上口
伊勢市
五十鈴ヶ丘
参宮線
二見浦
松下
8
7
6
5
伊勢二見鳥羽ライン
鳥羽
2
五十鈴川
4
3
朝熊
近鉄鳥羽線
1
志摩赤崎
船津
加茂
伊勢道路
松尾
白木
近鉄志摩線
五知
9
上之郷
志摩磯部
穴川
志摩横山
鵜方
賢島

地図作成／クリエイティブメッセンジャー

皇大神宮【内宮】

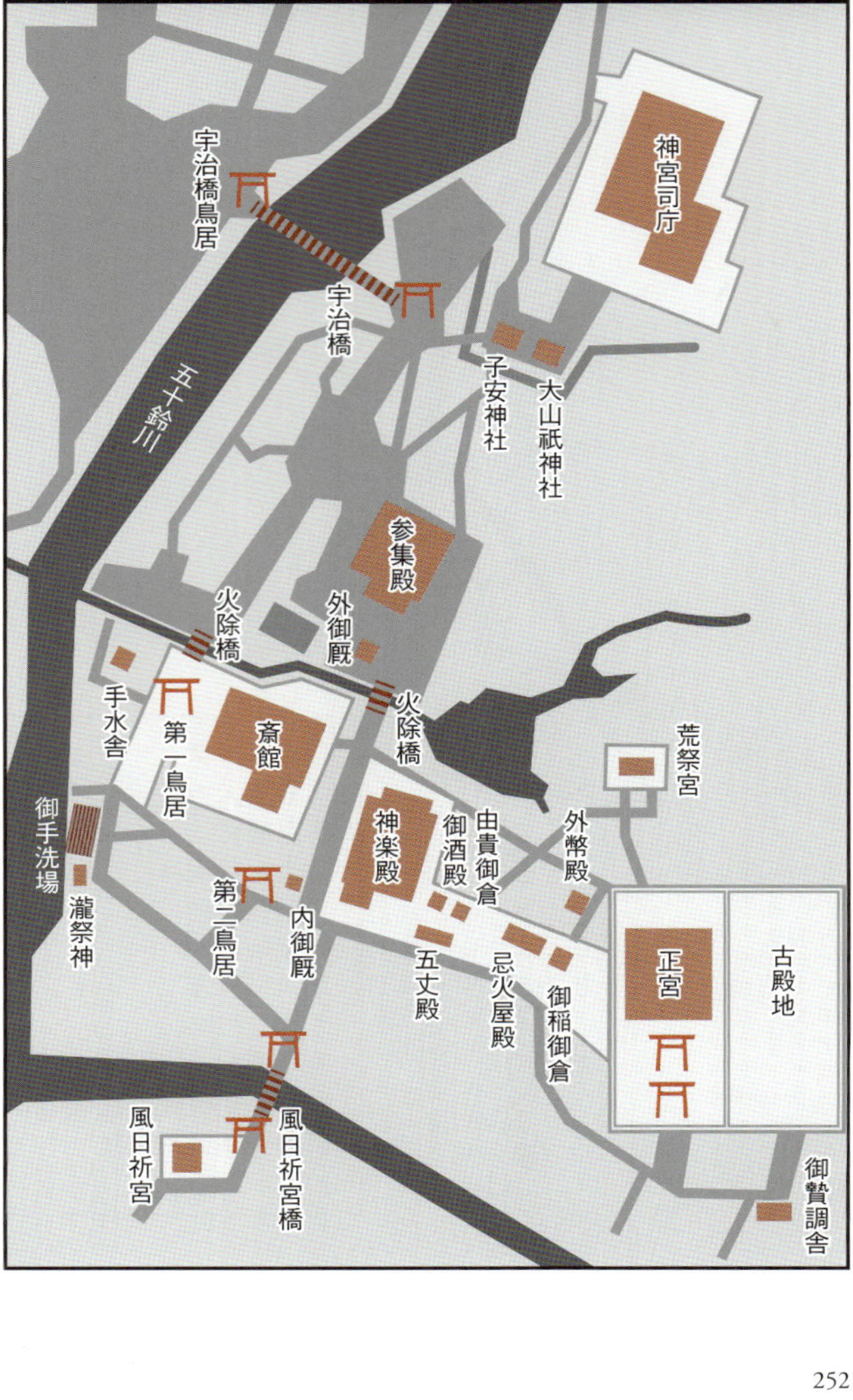
宇治橋鳥居
宇治橋
五十鈴川
神宮司庁
子安神社
大山祇神社
参集殿
火除橋
外御厩
火除橋
手水舎
第一鳥居
斎館
荒祭宮
御手洗場
神楽殿
御酒殿
由貴御倉
外幣殿
瀧祭神
第二鳥居
内御厩
五丈殿
忌火屋殿
御稲御倉
正宮
古殿地
風日祈宮
風日祈宮橋
御贄調舎

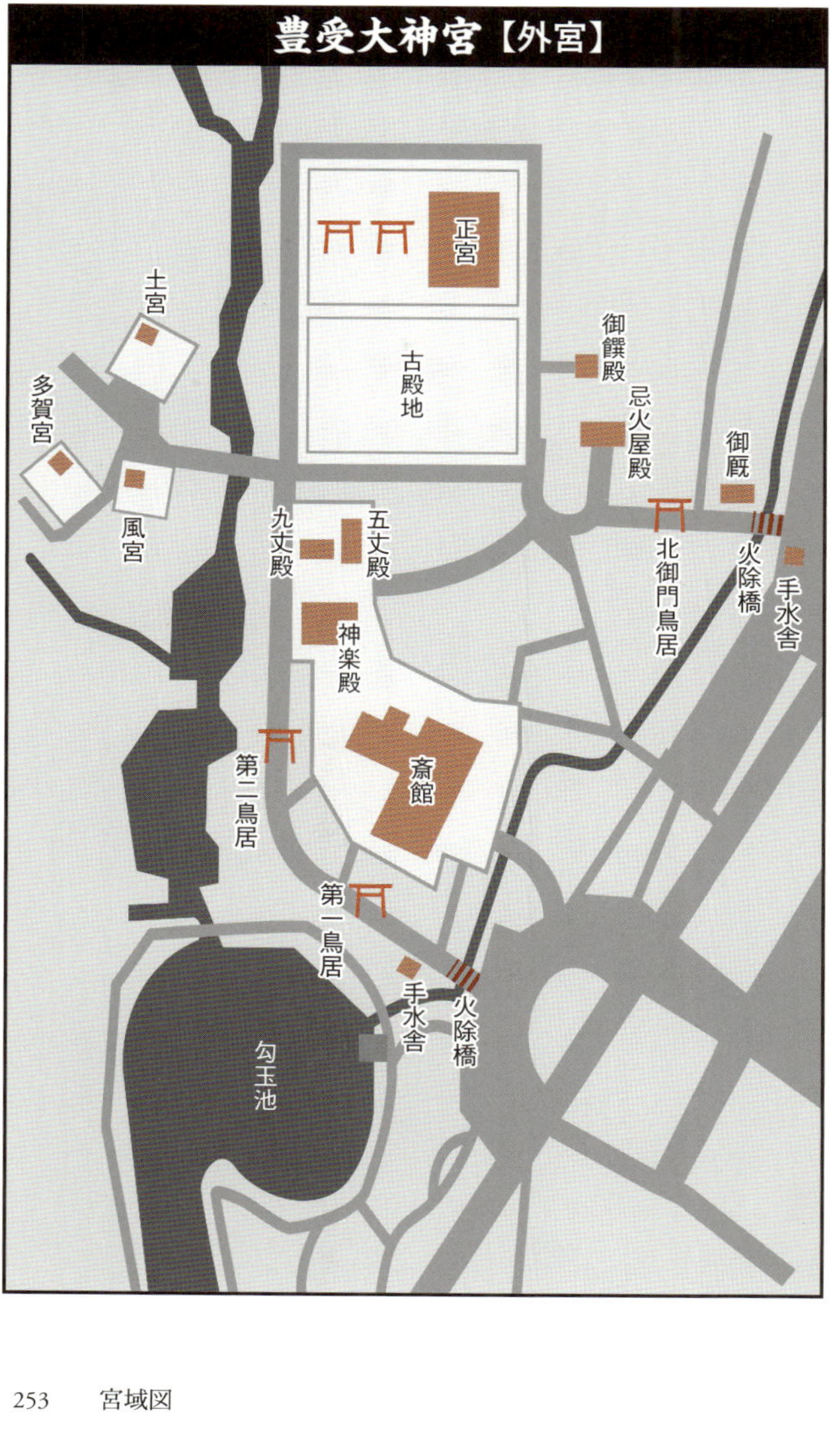
豊受大神宮【外宮】
正宮
古殿地
土宮
多賀宮
風宮
御饌殿
忌火屋殿
御厩
北御門鳥居
火除橋
手水舎
九丈殿
五丈殿
神楽殿
斎館
第二鳥居
第一鳥居
手水舎
火除橋
勾玉池

参考文献

伊勢神宮の衣食住　矢野憲一　東書選書　一九九二
伊勢神宮　櫻井勝之進　学生社　二〇一三
伊勢神宮　知られざる社のうち　矢野憲一　角川選書　二〇〇六
完全保存版！伊勢神宮のすべて　青木康編　宝島社　二〇一三
伊勢神宮のこころ、式年遷宮の意味　小堀邦夫　淡交社　二〇一一
伊勢神宮の智恵　河合真如　宮澤正明写真　小学館　二〇一一
伊勢神宮めぐり歩き　矢野憲一　中野晴生　ポプラ社　二〇一二
伊勢神宮　石川梵　朝日新聞社　一九九三
渡辺義雄の眼 伊勢神宮　渡辺義雄　講談社　一九九四
伊勢神宮　千種清美　ウェッジ　二〇一二
伊勢神宮、その深奥を訪ねる　伊勢新聞連載　石川梵　一九八四
常若の思想　河合真如　祥伝社　二〇一三
定本柳田国男集 第一巻　柳田国男　筑摩書房　一九六八
日本古典文学全集　古事記　小学館　一九七三
伊勢の遷宮　中西正幸　国書刊行会　一九九一
全現代語訳 日本書記　宇治谷孟　講談社学術文庫　一九八八
新装版 伊勢神宮 現代に生きる神話　宮澤正明　河合真如解説　岩渕デボラ英訳　講談社　二〇一三
お伊勢さん１２５社めぐり　別冊伊勢人　伊勢文化舎　二〇〇九
伊勢神宮　石元泰博写真　磯崎新、稲垣榮三解説　岩波書店　一九九五
伊勢神宮の春夏秋冬　篠原龍　国書刊行会　一九九五
伊勢のお白石持　伊勢文化舎　二〇一三

石川 梵(いしかわ ぼん)
一九六〇年生まれ。写真家、ノンフィクション作家。フランスAFP通信社カメラマンとして政治、経済、スポーツ、戦争などを取材。独立後はフリーランスとして「祈り」をテーマに世界各地で撮影を行う。写真集『THE DAYS AFTER 東日本大震災の記憶』(飛鳥新社)で日本写真協会作家賞、『海人』(新潮社)で写真協会新人賞、講談社出版文化賞を受賞。他、『伊勢神宮 遷宮とその秘儀』(朝日新聞社)、『鯨人』(集英社新書)等、著書多数。

監修/河合真如(かわい しんにょ)
一九五五年生まれ。神宮禰宜。公害問題に直面して自然との共生思想をもつ神道に共感し、一九七三年に神宮研修所に入学。一九七五年より神宮に奉職。『伊勢神宮の智恵』(小学館)、『常若の思想――伊勢神宮と日本人』(祥伝社)等、著書多数。

伊勢神宮《いせじんぐう》 式年遷宮《しきねんせんぐう》と祈《いの》り

二〇一四年四月二二日 第一刷発行　集英社新書ヴィジュアル版〇三三V

著者……石川《いしかわ》梵《ぼん》
発行者……加藤 潤
発行所……株式会社集英社
東京都千代田区一ツ橋二-五-一〇 郵便番号一〇一-八〇五〇
電話 〇三-三二三〇-六三九一(編集部)
〇三-三二三〇-六三九三(販売部)
〇三-三二三〇-六〇八〇(読者係)

装幀……伊藤明彦(アイ・デプト.)
印刷所……凸版印刷株式会社
製本所……加藤製本株式会社
定価はカバーに表示してあります。

ISBN 978-4-08-720733-0 C0214

Printed in Japan

集英社新書　石川梵・好評既刊

鯨人〈集英社新書ノンフィクション〉　0578 N

インドネシア東ヌサテンガラ州に属するレンバタ島のラマレラ村は、銛一本で鯨を仕留める伝統捕鯨で知られている。写真家である著者は約19年にわたりこの村の様子を取材。世界最大の生物に挑む誇り高き鯨人達の姿と、村の営みに深く根ざす捕鯨文化の詳細を記録し、ついには捕鯨の水中撮影を敢行する。だが、この村にもまた、グローバリゼーションの波は押し寄せていた……。岐路に立つラマレラ村とその捕鯨文化を雄渾に活写する、比類なきネイチャー・ドキュメンタリー。